RECUEIL
DE PLANCHES,
SUR
LES SCIENCES,
LES ARTS LIBÉRAUX,
ET
LES ARTS MÉCHANIQUES,
AVEC LEUR EXPLICATION.

ARTISANAT AU 18ème SIECLE

A PARIS,

AVEC APPROBATION ET PRIVILEGE DU ROY.

AMIDONNIER.

Fig. 1. **M**Ise en trempe, ou maniere de jetter l'eau sur le levain. Les tonneaux *e f* & autres qu'on voit pleins, contiennent de la matiere en trempe.

2. Maniere de laver le son ; c'est la matiere en trempe mise dans le sas de crin *l*. Les tonneaux *a b* contiennent ou reçoivent la matiere en bon état.

3. Ouvrier qui lave avec de l'eau claire dans le tonneau *d* les résidus de la matiere restée dans le sas de crin *l*.

3 *bis*. Ouvrier qui enleve l'eau avec une sebille de bois jusqu'à ce que la matiere déposée au fond du tonneau *h* paroisse.

4. L'amidon tiré du tonneau H, & mis dans des paniers *o*, est porté dans le grenier.

4 *bis*. L'amidon *m* renversé sur le plancher pour être rompu en plusieurs morceaux *n*.

Fig. 5. Les morceaux d'amidon déja secs en partie, sont portés sur les essuis ou tablettes *i i i i*.

6 & 7. L'amidon mis en poudre, est porté sur des claies *b b , b b , b b*, dans l'étuve.

10 & 11. Etuve & plan de l'étuve. *a*, le plan de l'étuve.

Autres instrumens de l'art représentés au bas de la premiere & de la seconde vignettes.

p, le son sorti du sas ou tamis *l*. *q*, pot de terre dans lequel l'ouvrier (*fig. 3 bis*) met l'eau qu'il retire du tonneau *h*, laquelle eau dépose encore de l'amidon commun.

r, panier dans lequel on porte l'amidon à l'étuve. *s*, instrument avec lequel on ramasse l'amidon resté attaché au plancher. *t*, sacs contenant la matiere avec laquelle se fait l'amidon, appellée *grillaux & recoupettes*. Ce sont des parties grossieres du bled séparées de la farine par le bluteau.

Amidonnier.

fig. 3

fig. 1

fig. 2

fig. 3
bis

fig. 4

fig. 6

fig. 5

fig. 4. bis

fig. 10.

fig. 11.

1 2 3 4 5 6   12 P.d

Amydonnier.

Benard Fecit.

BLANC DE BALEINE,

CONTENANT UNE PLANCHE.

Fig. 1. COUPE verticale des bacs, de la chaudiere & du fourneau à fondre le lard.

A , A , tonneaux pleins de lard.
B , bac.
C , fourneau.
E , cendrier du fourneau.
F , grille du fourneau.
G , chaudiere.
1 , 2 , 3 , autres bacs.
H , H , gouttieres de communication entre les bacs.

2. A , bac.
   B , fourneau.

C , cendrier.
D , grille.
E , chaudiere.
G H , grillage à égoutter le croton.
I K , bac à égouttures.

3. Plan des mêmes chofes.
   A , bac à lard.
   C , chaudiere.
   D E , grillage à égoutter le croton.
   F G , bac à égouttures.

4. Civiere à croton. *Voyez l'article Blanc de baleine.*

4. Blanc de baleine.

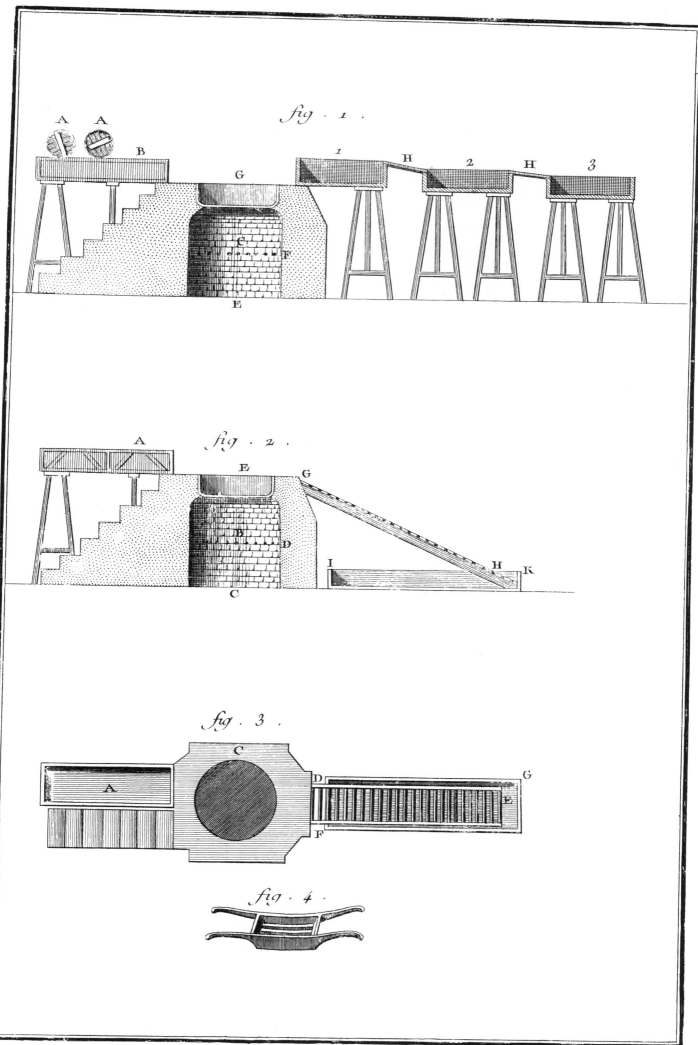

fig . 2 .

fig . 3 .

fig . 4 .

Blanc de Baleine.

Benard Fecit

BOUCHER,

CONTENANT DEUX PLANCHES.

PLANCHE Iere.

LA vignette ou le haut de la Planche, repréfente la tuerie.

Fig. 1. Bœuf attaché la tête fort baffe, par une corde liée à fes cornes, & paffée dans un anneau fcellé dans la pierre en *a*.

2. Boucher, les bras levés, prêt à affommer le bœuf à coups de merlin.

3. Boucher qui doit faifir le moment où l'autre frappera, pour pouffer le bœuf, afin de le renverfer fur le côté.

4. Boucher qui écorche un mouton, après l'avoir égorgé. *b*, poulie pour enlever les bœufs, comme on les voit en *cc*, par le moyen du moulinet *d*.

Bas de la Planche.

5. Merlin pour affommer les bœufs.

6. Lancette pour ouvrir la gorge du bœuf.

7. Petit fentoir pour fendre les moutons.

8. Couteau fervant à couper les piés des bœufs, moutons, &c.

9. Hache pour fendre les bœufs par moitiés & par quartiers.

10. Fentoir à bœufs pour les divifer en petites parties.

11. Soufflet à bœufs & à moutons.

12. Broche qu'on introduit par le bout *a* dans une fente qu'on fait à la peau du ventre du bœuf, pour y introduire enfuite les foufflets.

13. Etou, efpece de chevalet fur lequel on égorge & écorche les moutons & les veaux.

14. Tempe, morceau de bois plat, qui fert à tenir le ventre d'un bœuf, mouton ou veau ouvert, lorfqu'il eft fufpendu, comme on en voit dans la vignette.

15. *a*, boutique ou étui. *b*, *b*, *b*, lancettes & couteaux. *c*, fufil. *dd*, ceinture de la boutique. *e*, boucle de la ceinture.

16. Croc à bœufs.

PLANCHE II.

Fig. a, chaudiere de cuivre, dans laquelle on met les graiffes qu'on veut faire fondre. *b b b*, maffif de plâtre, dans lequel eft fcellée la chaudiere. *c*, bouche du fourneau pratiqué fous la chaudiere. *e*, hotte du fourneau. *d*, degré de pierre pour travailler plus facilement à écumer le fuif fondu.

2. *a*, banatte d'ofier. On approche cette banatte & la cuve *b* qui eft deffous, de la chaudiere *a*, *fig.* 1. & on verfe par le moyen d'une puifette toute la graiffe fondue dedans. Le fuif paffe au-travers de la banatte, & les cretons reftent dedans.

b, cuve fous la banatte, pour recevoir le fuif paffé à clair.

cc, chevalet ou civiere pour tranfporter la banatte près de la preffe où l'on exprime les cretons.

3. *a a a a*, preffe pour exprimer les cretons. *b*, vis. *c*, lanterne. *d*, feau de fer percé, que l'on emplit de cretons pour être preffés. *e*, rigole qui conduit le fuif dans la jatte *f* qui eft au-deffous. *g*, noyau de bois, dont le diametre eft plus petit que celui du feau, & dont on charge les cretons. C'eft fur ce noyau que la partie *h* porte, lorfqu'on fait defcendre la vis. *b* On met autant de noyaux qu'il eft néceffaire pour exprimer tout le fuif des cretons, à mefure qu'ils s'affaiffent.

i k l, tourniquet de la preffe. *m*, boulon de bois, qu'on introduit entre les fufeaux de la lanterne, pour faire defcendre la vis par le moyen de la corde *n* qui fe dévuide fur l'arbre *i k* du tourniquet qu'un homme fait tourner.

4. Puifette.

5. Ratiffoire pour enlever le fuif qui peut tomber par terre, lorfqu'il eft figé.

6. Fourgon pour le fourneau.

7. Aviron, efpece de pelle de bois pour remuer les graiffes dans la chaudiere du fourneau.

8. Hachoir pour réduire les gros morceaux de graiffe en petits, afin qu'ils fondent plus aifément.

9. Ecuelle.

10. Mefure.

11. Pain de fuif forti de la jatte.

12. Jatte de bois.

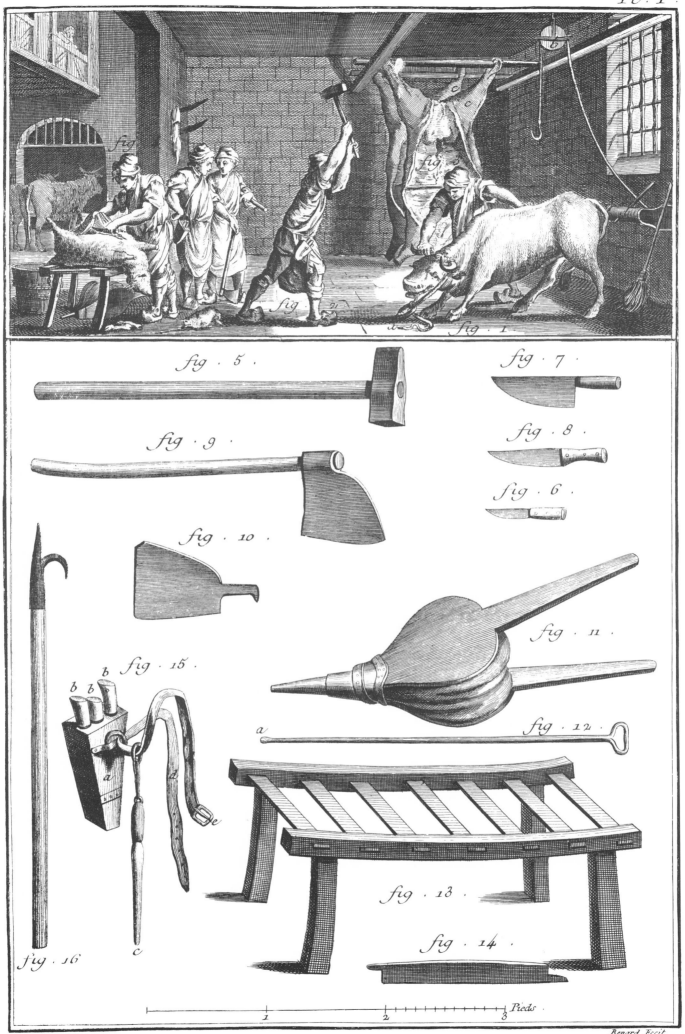

Pl. 1.

fig. 5.
fig. 7.
fig. 9.
fig. 8.
fig. 6.
fig. 10.
fig. 11.
fig. 15.
fig. 12.
fig. 13.
fig. 16.
fig. 14.

Pieds.

Benard Fecit.

Boucher.

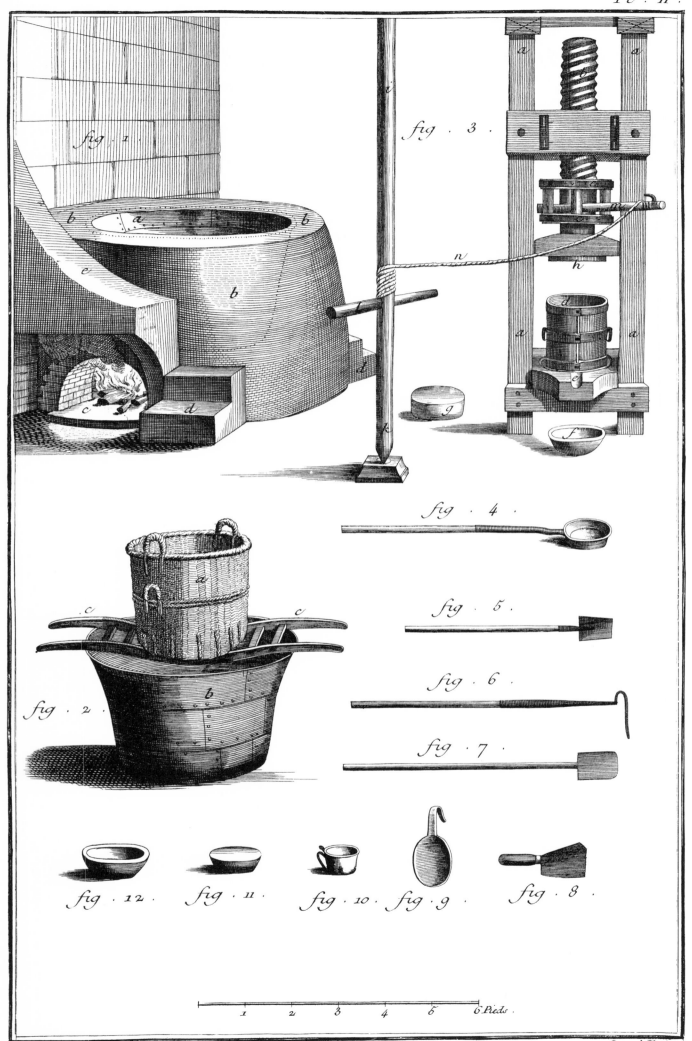

Pl. II.

fig. 1.

fig. 3.

fig. 4.

fig. 5.

fig. 6.

fig. 7.

fig. 2.

fig. 12.   fig. 11.   fig. 10.   fig. 9.   fig. 8.

1   2   3   4   5   6 Pieds.

Benard Fecit.

Boucher.

BOUCHONNIER,

CONTENANT UNE PLANCHE.

L A vignette ou le haut de la Planche repréſente la boutique d'un bouchonnier.

Fig. 1. & 2. Ouvriers occupés à faire des bouchons.

3. Marchande qui aſſortit les bouchons.

Bas de la Planche.

4. La maniere d'arrondir le bouchon.

5. Maniere de couper le bout du bouchon.

6. Etabli. A, A, A, A, les bords de l'établi, ſur leſquels on appuie le bouchon pour le couper par les bouts, comme on voit *fig.* 5.

7. Bannette pour recevoir indiſtinctement toutes les ſortes de bouchons au ſortir de la main de l'ouvrier.

8. Bannette à aſſortir.

9. Pierre à affiler les couteaux.

10. Couteaux.

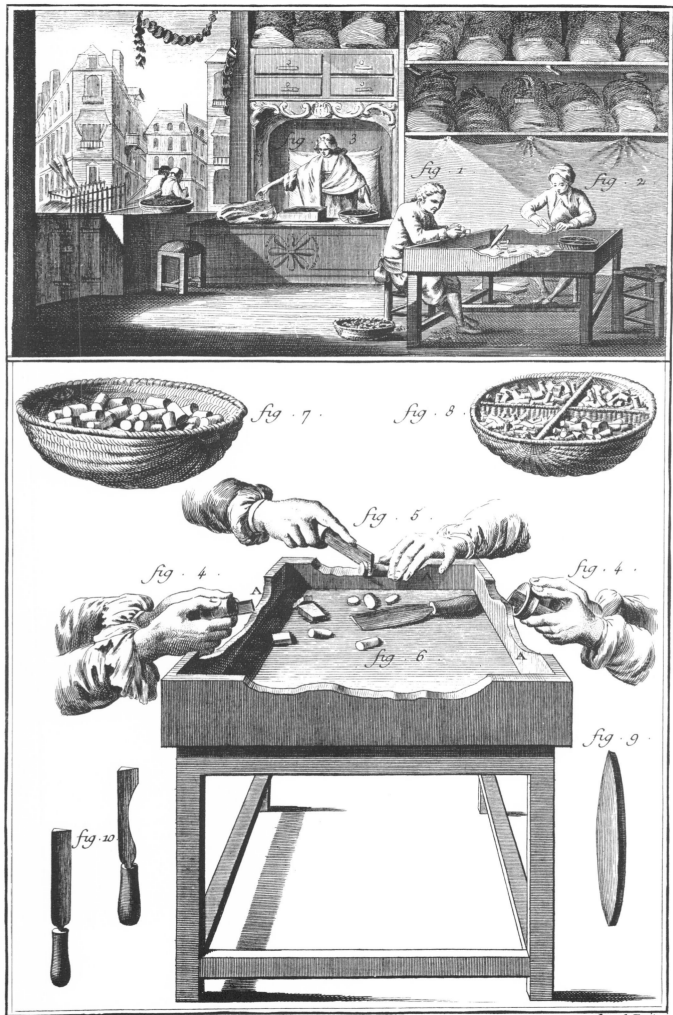

fig. 3

fig. 1

fig. 2

fig. 7

fig. 8

fig. 5

fig. 4

fig. 4

A

A

fig. 6

fig. 9

fig. 10

Benard Fecit

Bouchonnier.

BOULANGER,

CONTENANT UNE PLANCHE.

LA vignette repréſente la boutique d'un boulanger, & les différentes opérations pour faire le pain.

Fig. 1. Boulanger occupé à pêtrir. A, le pêtrin. B, la pâte. C, ſeau plein d'eau.

2. Boulanger qui peſe la pâte.

3. & 4. Deux boulangers occupés à former les pains. D, clayon ſur lequel on met les pains ronds dans le four.

5. Le fournier devant ſon four.

Bas de la Planche.

1. Le four vû de face. A B C D, bouche du four. F E, plaque qui la ferme. G H, hotte. M, cheminée.

2. Profil du four. Les mêmes lettres déſignent les mê mes parties qu'à la *fig.* 1.

3. Banneton.

4. Baſſin.

5. Coupe-pâte.

6. Rable.

7. n. 1. A, bluteau.

7. n. 2. A A, profil du bluteau.

8. Ecouvillon.

9. Pêtrin.

10. Pelle de bois à enfourner.

11. Ratiſſoire.

12. Pelle de tole pour retirer la braiſe.

13. Rape.

14. Couteau à chapeller.

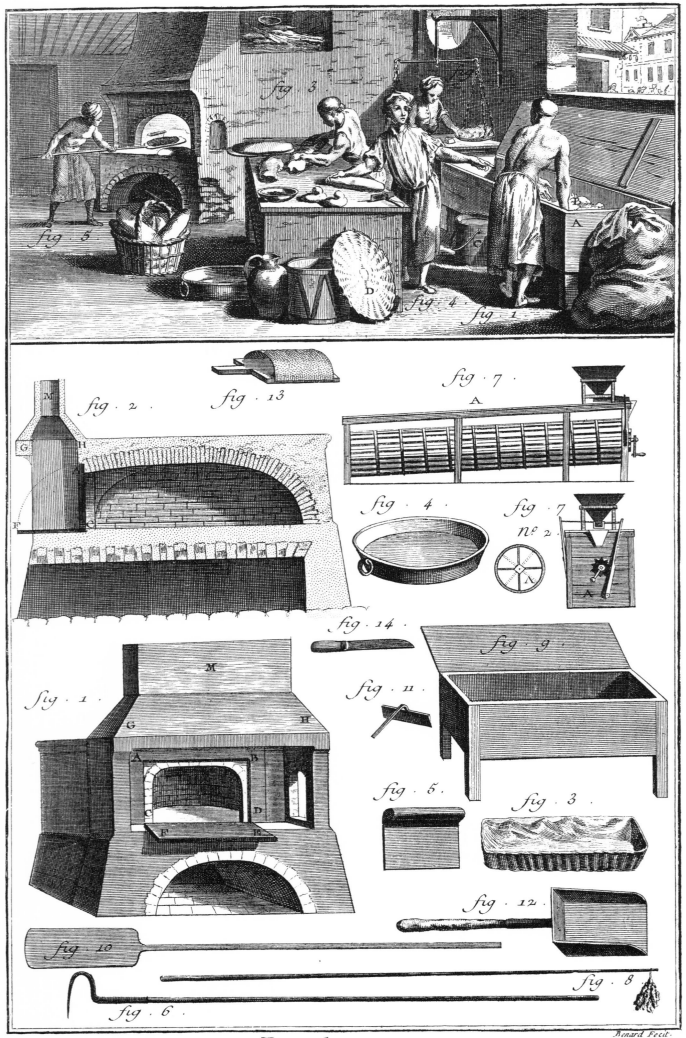

Boulanger.

BOYAUDIER,

CONTENANT UNE PLANCHE.

LA vignette repréſente l'intérieur d'une fabrique de corde à boyaux, qui peut être établie ſous des hangards, ou dans un attelier fermé.

Fig. 1. Hors de l'attelier. A, les rames du grand chaſſis, dont les montans ſont percés de trous pour recevoir les chevilles ſur leſquelles on étend les cordes pour les laiſſer ſécher. B, foſſe dans laquelle s'écoulent les eaux des différens lavages.

2. Ouvrier qui dégraiſſe les boyaux. *d*, table ou dégraiſſoir. *b*, baquet où l'eau s'égoutte. *c*, tinette pleine d'eau claire, dans laquelle le dégraiſſeur jette les filandres qu'il enleve de deſſus les boyaux, pour ſervir comme de fil aux ouvrieres qui couſent les boyaux au bout les uns des autres.

3. Ouvriere qui coud les boyaux. Elle a à ſes côtés deux tinettes ou baquets C, D, dans leſquels les boyaux trempent, auſſi-bien que les filandres qui lui ſervent de fil; elle a ſur ſes genoux une planche mince & courbe, ſur laquelle elle prépare les coutures.

4. Ouvrier qui fait tourner le rouet pour tordre la corde *k ʒ*, accrochée en *k* à une des molettes du rouet dont les montans ſont ſcellés en E dans le ſol de l'attelier.

5. Ouvrier qui liſſe avec la prele ou avec une corde de crin les cordes de boyaux qui ſont tendues aux chevilles *u* de l'attelier du talard dormant F, G.

6. Talard ſur lequel on tend les cordes des inſtrumens de muſique, pour les mettre à l'étuve.

7. Le lavoir ou dégraiſſoir, ſur lequel l'ouvrier, *fig.* 2. travaille.

8. Maniere dont les boyaux ſont coupés obliquement de *a* en *b*, avant d'en faire la couture.

9. Le rouet vû par le côté de la manivelle.

Toutes ces figures ſont expliquées plus en détail aux articles boyaudier & corde. *Voyez cet art.*

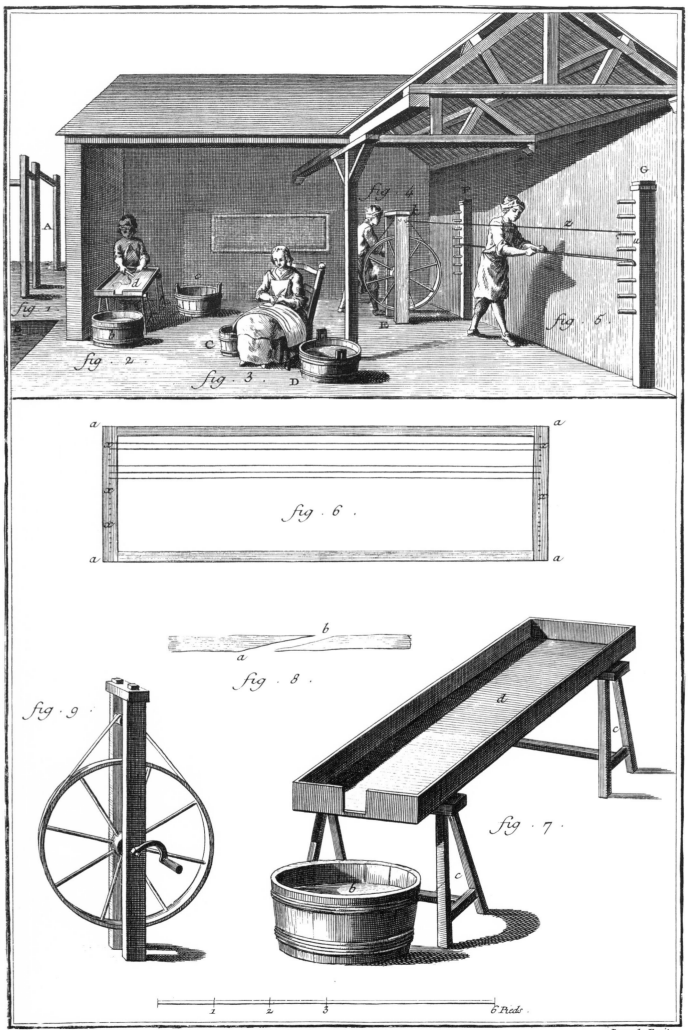

fig . 1 .

fig . 2 .

fig . 3 .

fig . 4 .

fig . 5 .

fig . 6 .

fig . 8 .

fig . 9 .

fig . 7 .

1   2   3   6 Pieds .

Goussier del .

Benard Fecit .

Boyaudier.

BRASSERIE,

CONTENANT CINQ PLANCHES.

PLANCHE Iere.

Fig. 1. LA touraille.
  A, B, C, D, la tremie, les côtieres & autres parties, avec le fourneau en-deſſous.
2. Intérieur du fourneau.
3. Coupe du fourneau.
  IGHKL, *fig.* 1. 2. 3. partie inférieure du fourneau.
  KLM, bouche.
  NO, PQ, enclumes.
  PQRS, partie du milieu du fourneau.
  RSTV, communication de la partie du milieu avec la partie ſupérieure.
  TVXY, partie ſupérieure.
  P *q r s*, *fig.* 1. la truite.
  Z, Z, *fig.* 1. & 3. ventouſes.
4. Chaſſis de la truite.
5. Intérieur de la truite.
6. Bouche du fourneau, avec les touraillons A, A.

PLANCHE II.

Fig. 1. Vûe perſpective des chaudieres montées ſur leurs fourneaux.
2. Conſtruction & bâtiſſe de trois chaudieres, avec leurs fourneaux.
  AAAA, maſſif de pierre.
  BBB, fond du fourneau.
  CCC, embouchure.
3. Chaudron à cabarer.
4. Jet.
5. Tinet.
6. Vague.
7. Fourquet.
8. Fourche.
9. Coupe d'une chaudiere & d'un fourneau.
10. Entonnoir.
11. Chaudron à remplir.

PLANCHE III.

Manége & moulins.

On voit dans cette Planche un moulin à double tournure.
  A, A, A, aiſſeliers.

B, arbre debout.
C, grand rouet.
D, grande lanterne.
E, arbre de couche.
F, petit rouet.
G, petite lanterne du petit rouet F.
H, meule courante ſur la meule giſſante.
K, tremie.
I, ſac.
La partie inférieure de la Planche s'appelle *le manége.*
M, étoile.
N, canal de la chaîne à chapelet.
O, réſervoir.
On ne pouſſe pas le détail de cette Planche plus loin, parce que le mouvement s'exécute à la partie ſupérieure de la Planche comme à l'inférieure ; que le méchaniſme eſt le même, & que les choſes ſont exprimées par les mêmes noms, & déſignées par les mêmes lettres. D'ailleurs ce qu'il peut y avoir de particulier, appartient à la conſtruction des moulins qu'on peut voir dans les Planches d'agriculture, tome premier des Planches, & dans les volumes imprimés de l'ouvrage.

PLANCHE IV.

Le germoir avec la trape & la roue, d'où l'on monte le grain à la touraille.
La partie inférieure de la Planche montre le germoir.
La partie ſupérieure, le grenier où le grain paſſe par la trape, de la partie inférieure ou germoire. Le fond de ce lieu eſt la touraille.

PLANCHE V.

Attelier du braſſeur au haut de la Planche.

A, grande cuve-matiere.
B, petite cuve-matiere.
C, C, pompes à cabarer.
D, D, chaudieres.
E, E, gouttiers.
F, F, F, ſacs.
G, jente de bois.

Bas de la Planche.

L'entonnerie. *Voyez l'art. Braſſerie.*

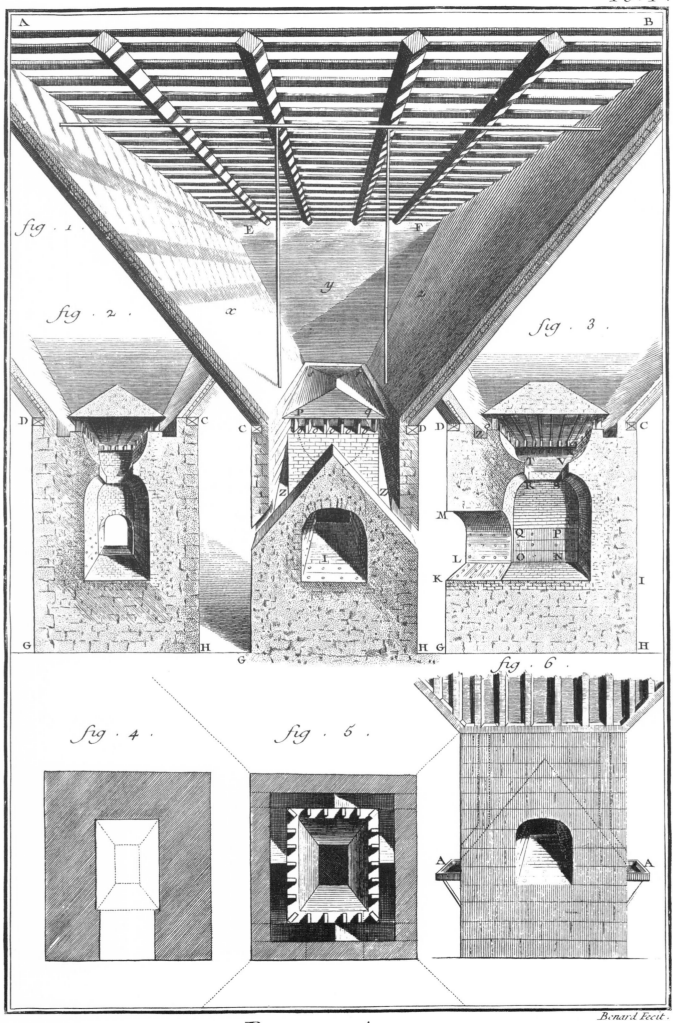

Pl. 1.

fig. 1.

fig. 2.

fig. 3.

fig. 4.

fig. 5.

fig. 6.

Benard Fecit.

Brasserie.

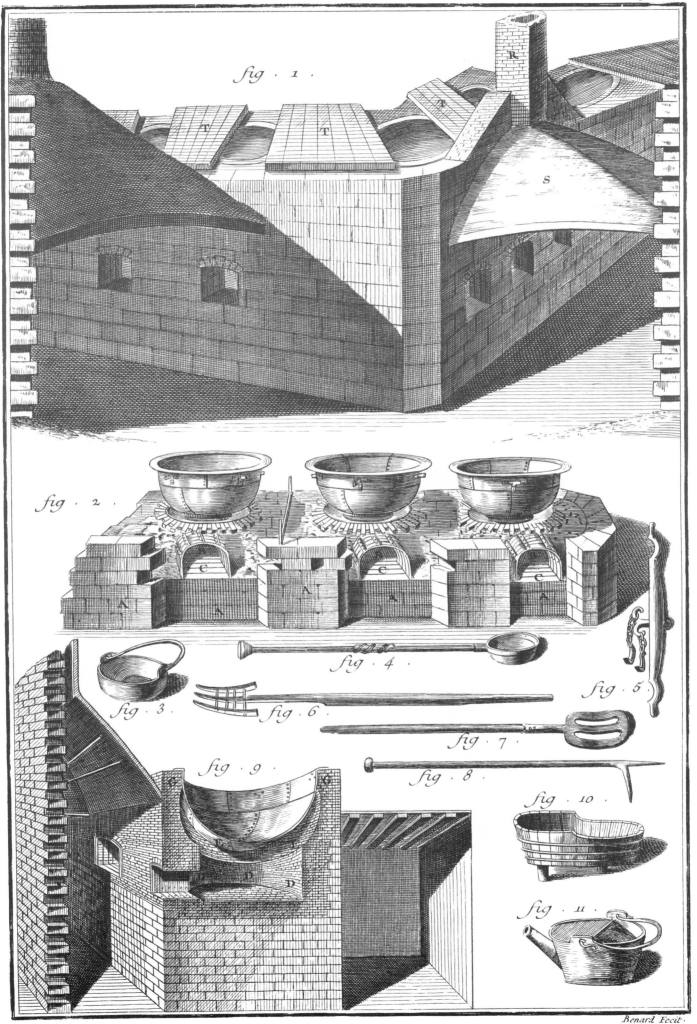

Pl. II.

fig. 1.

fig. 2.

fig. 3.

fig. 4.

fig. 5.

fig. 6.

fig. 7.

fig. 8.

fig. 9.

fig. 10.

fig. 11.

Benard Fecit.

Brasserie.

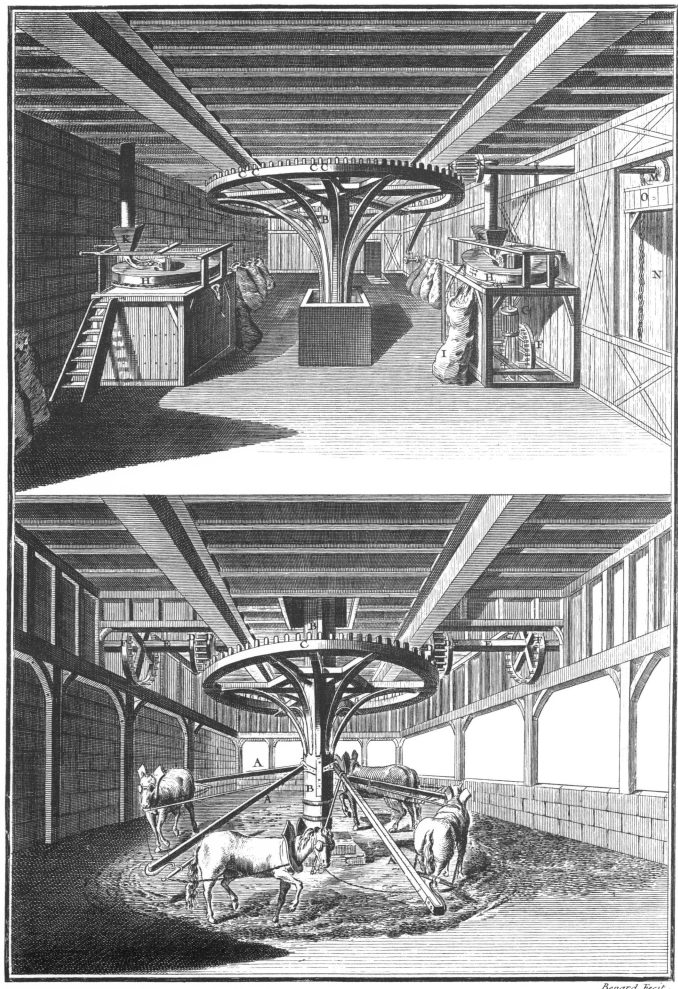

Pl. III.

Benard Fecit.

Brasserie.

Pl. IV.

Brasserie.

Benard Fecit.

Pl. V.

Benard Fecit.

Brasserie.

CARTIER,

CONTENANT SIX PLANCHES.

Explication de ces six Planches, avec quelques détails particuliers de l'Art, pour servir de supplément à l'article CARTES *du Dictionnaire.*

IL en est de l'Art du cartier comme de beaucoup d'autres, tels que le mégissier, le chamoiseur, le tanneur, &c. la manœuvre & la langue en varient souvent d'une province à une autre. Voici la fabrication & les termes à l'usage des maîtres cartiers de Paris.

Papiers qui entrent dans la composition de la carte.

On peut faire des cartes avec toutes sortes de papier, mais on n'y en employe que les trois suivans.

1. *Le papier-pot.*
2. *La main-brune ou étresse.*
3. *Et le papier-cartier.*

Le papier-pot est assez blanc, mais peu collé. C'est ce papier qui reçoit l'impression des couleurs ; il sert au devant de la carte. Il y en a de deux especes.

L'espece de papier-pot la plus commune s'employe au dedans de la carte avec l'étresse, & le papier-cartier, pour rendre la carte plus blanche.

Ce papier est appellé *papier-pot*, parce que c'étoit la marque de la papetterie, lorsqu'on commença à l'employer à la fabrication de la carte. La feuille portoit un pot de fleurs ; la marque a changé depuis long-tems, & le nom est resté au papier.

La rame de ce papier doit être du poids de neuf à dix livres, poids de marc.

La *main-brune* ou l'*étresse* est destinée à composer le corps ou l'intérieur de la carte. C'est un papier gris, compact & propre à ôter à la carte toute transparence.

Il y a de l'*étresse forte* & de l'*étresse mince*. La forte doit peser douze à treize livres, la mince, neuf à dix.

L'*étresse forte* entre dans la fabrication des cartes à trois feuilles, dont on forme ordinairement les jeux entiers & de comete, pour que le grand nombre de cartes ne rende pas les jeux trop épais.

L'*étresse mince* entre dans la fabrication des cartes à quatre papiers, comme dans les jeux de quadrille, piquet & brelan.

Dans plusieurs provinces l'on ne fait des cartes qu'à trois papiers. Dans ce cas on les choisit plus forts, surtout pour les jeux où le nombre des cartes est le moindre.

Le *papier-cartier* se fabrique exprès. Il doit être très-blanc & bien collé ; la rame en doit être du poids de dix à onze livres ; il se place au dos de la carte.

La dimension de ces trois différentes sortes de papiers est de quatorze pouces de long, sur onze pouces & demi de large, la feuille prise dans son entier.

Fabrication des cartes. On commence par choisir, éplucher, nettoyer le papier, en ôter les bros ou ordures.

Plusieurs fabriquans font même frotter l'étresse des deux côtés avec la pierre-ponce, afin de mieux appercevoir les ordures ; cela s'appelle *poncer.*

Mais le poncer n'a lieu qu'après le premier collage qui se fait à deux feuilles d'étresse & une feuille de pot jointes ensemble, comme il sera dit ci-après.

Mélage à trois papiers. Le mélage du papier est, à proprement parler, la premiere opération de la fabrication.

Celui des entiers & comete se fait à une ou à deux fois.

Dans le premier cas, les trois feuilles de papier se mêlent ensemble, de maniere qu'il y a une feuille de main-brune forte entre deux feuilles de pot, & deux autres de cartier, &c.

Dans le second cas, on mêle une feuille de main-brune avec une feuille de cartier, arrangées de maniere

qu'il y a de suite deux feuilles de main-brune & deux feuilles de cartier.

Après que ces feuilles ainsi disposées, ont été collées & séchées, on les mêle de nouveau avec une feuille de pot qui, collée, rend le carton complet.

La derniere façon de mêler est la plus usitée, & celle qui donne le plus de corps aux cartes.

Les maîtres cartiers ne pratiquent la premiere, que lorsqu'ils sont pressés d'ouvrage.

Mélage à quatre papiers. Les cartes de quadrille, piquet & brelan, composées de quatre feuilles de papier, se mêlent à deux fois.

Le premier mélage est de deux feuilles de main-brune, ou d'une feuille de main-brune & d'une feuille de pot, qui collées ensemble, sont appellées *cartons* ou *feuilles d'étresse.*

Le second mélage se fait, en ajoutant aux feuilles d'étresse collées une feuille de pot & une autre de cartier.

L'ordre que l'on tient à cet égard, est de commencer par mêler une feuille d'étresse entre deux feuilles de pot & deux autres feuilles de cartier, comme il a été dit pour le mélage des entieres à une fois.

La raison de cet ordre est de faire que les deux feuilles de pot ou de cartier ne reçoivent chacune la colle que par un côté, les cartons se séparant par l'autre côté, comme il sera dit ci-après.

Un bon ouvrier peut mêler par jour jusqu'à dix-sept à dix-huit tas.

Tas à quatre papiers. Ce tas est composé de plus ou de moins de mains de papier, selon la sorte de cartes que l'ouvrier se propose de fabriquer.

Lorsqu'il s'agit de faire des cartes à quatre papiers, le tas est de deux rames pour le premier mélage ; sçavoir, dix mains d'étresse collée, dix mains de pot, & dix mains de cartier; ce qui revient à la quantité de quarante mains, les dix mains d'étresse collée représentant vingt mains.

Tas à trois papiers. Quant aux cartes à trois papiers, lorsqu'on mêle à deux fois, le tas est aussi de deux rames de papier pour le premier mélage ; mais pour le second, ou lorsqu'on mêle à une seule fois, le tas est toujours de soixante mains, vingt mains de main-brune, vingt mains de pot, & vingt mains de cartier.

Mais avant que de parler du collage qui se fait immédiatement après le mélage, il convient d'expliquer la maniere dont se fait le moulage des cartes à figures ou à têtes, attendu que le papier imprimé des cartes à têtes fait partie du mélage & du collage.

Moulage. Les réglemens faisant défenses aux cartiers d'avoir chez eux ni dans aucuns lieux secrets aucuns moules servant à imprimer les traits des cartes à portraits, & leur étant enjoint de venir faire les impressions au bureau de la régie, à cet effet l'on y a établi des moules.

Ces moules sont gravés sur cuivre ou sur bois ; ils sont de différentes grandeurs, relativement au nombre de figures qu'ils contiennent.

Selon les différentes fabriques, ils sont à vingt ou à vingt-quatre, ou même à trente figures.

A Paris & en Alsace les moules ne sont qu'à vingt figures ; l'on ne parlera ici que de cette sorte.

Les figures sont rangées sur les moules à quatre de hauteur sur cinq de large.

L'on se sert ordinairement de deux moules pour l'impression des douze différentes figures qui ont eu lieu jusqu'à présent dans les différens jeux d'usage; sçavoir, les moules de têtes & ceux de valets rouges.

Le premier moule contient deux rois & deux dames de cœur & de carreau.

Deux rois & deux dames de trefle & de pique.

Deux valets de trefle & de pique ; ce qui fait en tout vingt figures qui sont peintes en cinq couleurs.

Le second contient vingt valets, dix de cœur, & dix de carreau, qui ne sont peints ordinairement qu'à quatre couleurs.

L'on imprime cinq feuilles de la premiere sorte pour une de valets rouges ; ce qui fournit à dix jeux de cartes de toutes sortes.

Dimension de la carte. Les cartes prises dans l'intérieur des traits qui terminent leur quarré oblong, sont de trois pouces de hauteur sur deux pouces de largeur. Or il y a une distance intermédiaire entre ces traits, laquelle est d'une ligne en tous sens. On appelle cette distance ou réserve, *champ.* C'est par le champ que se fait la section de la carte avec les ciseaux : ensorte que la dimension de la carte est en tout de trois pouces & une ligne de haut, sur deux pouces & une ligne de large.

Dimension d'un moule à vingt figures. Mais il faut remarquer que les traits ou lignes qui terminent le grand quarré qui renferme les figures, n'a qu'une demi-ligne de champ, attendu que la carte n'en doit comporter qu'une demi-ligne sur chacun de ses côtés ; en conséquence un moule de vingt figures doit avoir exactement dans l'intérieur des traits qui terminent le grand quarré, douze pouces & quatre lignes de haut, sur dix pouces & cinq lignes de large, pié de roi, avec un rebord d'environ six à neuf lignes.

Les dimensions dont il s'agit ici, ont été prises sur les moules actuellement en usage à Paris ; mais elles varient selon les lieux. Cette variation doit être connue pour bien juger de la diminution que les cartes peuvent souffrir pour la recoupe.

Il faut que le moule soit posé sur une table solide.

Composition du noir à imprimer. Le noir dont on se sert pour l'impression des premiers traits des figures par le moyen du moule, se fait de colle & de noir de fumée ; on les laisse agir l'un sur l'autre, & le noir le plus anciennement préparé, est le meilleur.

Les outils & ustensiles dont on se sert pour cette opération, consistent en une brosse à longs poils, avec laquelle on noircit le moule, & un frottoir de crin ou de lisieres, pour appliquer la feuille sur le moule.

On humecte de tems en tems ces frottoirs avec de l'huile, pour qu'ils coulent plus facilement sur la feuille de papier, & ne la déchirent point.

Il faut user sobrement d'huile, parce que si la feuille en avoit trop, elle ne prendroit pas la colle.

Moitissage du papier. Pour que le papier puisse prendre l'impression des traits, il faut qu'il soit moiti ; & voici comment cela se fait.

On trempe dans l'huile le papier-pot, & ensuite on le met sous presse, afin que l'huile se répande également par-tout, & que le superflu en soit exprimé. On laisse ordinairement le papier huilé sous la presse environ sept à huit heures.

Un bon mouleur peut en treize heures de travail mouler deux mille cinq cent feuilles.

Lorsque le moulage est fait, il est d'usage d'étendre les feuilles sur des cordes pour les faire sécher.

Collage. Après la distribution ou l'arrangement des papiers, fait dans l'ordre que nous avons indiqué ci-dessus, en parlant du mêlage, l'on procede au collage. Or l'explication de l'une de ces manœuvres devient l'éclaircissement de l'autre.

Il faut seulement observer qu'un bon ouvrier ne peut coller par jour, c'est-à-dire dans treize heures de travail effectif, que douze à quatorze tas composés chacun de quarante mains, ou seulement huit à neuf tas faits chacun de soixante mains, encore cela suppose-t-il un auxiliaire pour presser, piquer & étendre aux cordes les tas qu'il colle ; sans cet auxiliaire, il ne peut coller que moitié.

Le premier collage se nomme le *collage en feuille.*

Le second collage se nomme le *collage en ouvrage.*

Il faut que le tas de l'un & de l'autre reste en presse pendant une heure ou environ, afin de faire prendre corps à la colle avec le papier, & en exprimer le superflu.

Il est à observer qu'on ne met ordinairement sous presse que dix mains de collage en blanc ou deux cent cinquante cartons ; une plus grande quantité pourroit s'écarter & se gâter.

Composition de la colle. La colle qui sert à former ou mettre en carton, se fait ordinairement de farine & d'amidon. C'est du degré de cuisson qu'on lui donne, que dépendent sa bonté, sa solidité & sa blancheur. On la fait refroidir dans des baquets. Quand elle est froide, on la passe au tamis pour la rendre égale & la nettoyer d'ordures.

Etendage. Pour faire sécher le collage, si c'est de l'étresse, on pique & on étend cinq à six feuilles ensemble ; si ce sont des cartons avec tous leurs papiers, on les pique par double avec un fil de laiton, le papier-cartier en-dedans, pour les accrocher à des cordes tendues dans un endroit aéré, spacieux & commode.

On ne laisse en été les cartons aux cordes que pendant vingt-quatre heures, à moins que le tems ne soit pluvieux ; en hiver on les fait sécher au poîle.

Le tems qu'ils restent aux cordes, dépend alors du plus ou moins de feu que l'on entretient dans les étendages ; à un feu vif & égal, il faut trente-six heures pour sécher.

Un commis ne peut être trompé sur cet article, en visitant journellement les étendages d'un cartier, parce qu'on ne peut substituer des cartons sortans de la presse à des cartons en partie ou tout-à-fait secs, qu'il ne s'en apperçoive à la différence de couleur que les uns & les autres présentent à la vûe.

Les cartons secs sont abattus & dépinglés en très-peu de tems.

Un ouvrier dans trois heures peut abattre, dépingler & mettre en pile l'ouvrage de la journée d'un colleur ; cela s'appelle *abattre le collage.*

Premier séparage des cartons. Il y a deux sortes de séparage, celui de l'étresse en premier collage, & celui de l'ouvrage ou du second collage.

Le premier est le plus long & de beaucoup ; la raison en est que l'on étend aux cordes cinq ou six feuilles ensemble qui collées les unes aux autres par leurs extrémités, ne peuvent être séparées qu'avec peine ; au lieu que l'ouvrage ou le second collage n'est étendu que double à double ; ce qui en rend la séparation plus aisée.

On ne peut évaluer qu'imparfaitement le tems de cette manœuvre, parce que les maîtres cartiers ne font séparer leurs étresses & ouvrage qu'à différens intervalles, selon qu'ils en ont besoin.

On estime qu'un ouvrier peut séparer par jour vingt-cinq grosses d'étresses, & quatre cent cinquante mains d'ouvrage.

La grosse contient douze mains, la main vingt-cinq cartons. L'usage est de compter l'étresse collée & les cartons de tête par grosses, & les cartons de points par dix mains.

Avant que de parler du second séparage, on va expliquer de quelle maniere se fait la peinture, attendu que le dernier séparage se fait après que les cartons ont été mis en couleur.

Peinture. Après que les cartons sont redressés, on les peint ; & cette manœuvre s'appelle *habillage.*

Les têtes ou figures reçoivent plusieurs couleurs, sçavoir, cinq pour les rois, dames & valets noirs, le jaune, le gris, le rouge, le bleu & le noir. Les valets rouges ne reçoivent que les quatre premieres.

Il faut pour cet effet cinq patrons. Ces patrons sont découpés chacun relativement aux parties des figures auxquelles on destine chaque couleur. Ils sont vernis ou mastiqués, & on les nomme *imprimures.* Les imprimures pour les points ne different pas des *imprimures* pour les figures.

Il y a cette différence de la peinture des têtes à celle des points, que les têtes se peignent par grosse, & les points par main.

Un ouvrier ne peut peindre par jour que douze mains de tête ; il peint au contraire soixante mains de points, attendu qu'il n'y a qu'une couleur à appliquer aux points, & cinq aux têtes.

Lorsque les couleurs ne sont pas placées contiguëment les unes avec les autres, & qu'elles laissent entr'elles un espace non peint; ce défaut de la carte s'appelle une *fenêtre*.

Dernier séparage de cartons. Pour éviter que le côté du papier-cartier ne soit taché, lorsqu'on imprime les couleurs, on laisse deux cartons ensemble, le papier-cartier en-dedans, & les côtés du papier-pot en-dehors recevant la peinture. Quand on a peint, on sépare les cartons, en déchirant un peu un des angles, afin de pouvoir insérer entr'eux un couteau de bois. On exécute cette opération avec la main, si le carton est bien sec.

Un ouvrier peut séparer par jour, comme il a été dit ci-dessus, jusqu'à quatre cent cinquante mains de cartons.

Chauffage & lissage. C'est la lisse qui donne aux cartes le luisant qu'on leur voit; le lissage se fait comme on va lire.

On fait chauffer les cartons dans des chauffoirs de différentes sortes, selon l'emplacement du maître cartier.

Le carton se chauffe d'abord par-devant, c'est-à-dire du côté des couleurs, puis on le frotte avec un frottoir de lisiere ou de feutre. On a passé dessus auparavant un morceau de savon bien sec; il ne s'attache au carton qu'une portion très-légere de savon. Cette portion de savon fait couler la lisse, & l'empêche d'érafler le carton. Quand on a savonné le carton, on le lisse du côté où il a reçu cette préparation.

La lisse est composée de cinq parties essentielles.

D'une table un peu flexible, sur laquelle est posé un marbre poli, un peu plus grand que les cartons.

Ce marbre est appliqué sur la table, & il sert de soutien à la feuille qu'on lisse avec un caillou.

Le caillou s'aiguise sur un grais; il est emboîté dans un morceau de bois à deux manches, ou, comme disent les ouvriers, à deux mancherons ou poignées. Cette boîte tient au bout d'une perche qui est bridée par son autre bout à une planche tenue au plancher verticalement au-dessus du marbre. Cette planche fait ressort & détermine le degré de pression convenable pour lisser & lustrer le carton.

Après cette premiere opération, on en use de la même maniere pour le derriere ou le dos de la carte.

Boutée. Les cartiers lissent leurs ouvrages par *boutées*. Une boutée est ordinairement de quarante sixains, & employe plus ou moins de cartons, selon l'espece de jeux. Le nombre des cartons ne varie jamais, par rapport aux têtes & aux valets, parce que le nombre en est toujours le même pour toutes sortes de jeux.

On subdivise les boutées par patrons. On entend par un patron une quantité de chacune des especes de cartons qui servent à former le jeu, & cette quantité est plus ou moins forte, selon le nombre & l'espece de cartons à réduire en jeux.

Il y a des patrons de têtes où les valets rouges sont compris, des patrons de gros jeux, qui sont les dix, les neuf & les huit.

Des patrons de bas jeux, qui sont les six, les cinq, les quatre, les trois & les deux.

Des patrons de sept & d'as, parce qu'ils sont peints ensemble sur le même carton.

Une boutée de quarante sixains d'entiers est composée de six mains de têtes, une main de valets rouges, huit mains de gros jeux, deux mains de sept & d'as, & dix mains de bas jeux.

On peut estimer là-dessus les boutées de quadrilles, piquets & brelans, dont il n'y a à retrancher que le gros ou le bas jeu.

Il y a des maîtres cartiers qui ne composent leurs boutées que de trente ou même vingt sixains; cela dépend de leur vente. Dans tous les cas il ne s'agit que de proportionner le nombre de feuilles que chaque patron contiendra, à la quantité de sixains à fabriquer.

L'usage des cartiers est d'avoir toujours plusieurs boutées de toute espece lissées par-devant. Ils ne font lisser le derriere ou le dos, qu'à mesure qu'ils réduisent en jeux, parce que l'air altere le luisant de la lisse, & qu'on ne peut trop attentivement conserver l'égalité de blancheur au côté de la carte que le joueur regarde quand il mêle ou qu'il donne.

22. *Cartier.*

Un bon ouvrier peut lisser par jour des deux côtés vingt à vingt-cinq mains de cartons.

Le carton est plus ou moins luisant, selon le nombre de coups de lisse qu'il reçoit; l'ordinaire est de vingt-quatre coups de lisse sur chaque côté.

Ceux qui ne donnent au carton que seize coups de lisse, doivent faire un tiers plus d'ouvrage.

Mener aux ciseaux. Lorsqu'une boutée de cartons est lissée par-devant & par-derriere, on la réduit en cartes.

Cette opération se fait avec deux paires de ciseaux, l'une grande, & l'autre petite.

Les grands ciseaux ont environ vingt pouces de longueur de tranchant; les petits, onze pouces aussi de tranchant.

Ils sont montés & attachés sur des tables qui sont faites exprès, & où des vis & des écrous les arrêtent solidement, & les placent à la distance convenable de leurs estos qui sont scellés à ces tables. Il y a deux aiguilles piquées vis-à-vis le tranchant; ces aiguilles servent à diriger & guider le carton.

Rogner & traverser. On commence par rogner aux grands ciseaux le bout d'en-haut du carton, puis son côté droit, ensuite on le divise en quatre coupeaux, c'est-à-dire en autant de portions qu'il contient de cartes de hauteur; & cela s'appelle *traverser*.

Trancher. On corrompt le coupeau, c'est-à-dire qu'on le rend concave sur sa longueur du côté de la peinture, pour le mener plus facilement aux petits ciseaux, ou le trancher.

Un bon ouvrier peut dans quatre heures mener aux grands & petits ciseaux une boutée de quarante sixains d'entieres. On peut régler là-dessus le tems qu'il employe pour les boutées de piquets & de brelans.

Des tables. Les cartes coupées sont portées à la table où elles doivent être assorties, triées, recoulées, jettées & enveloppées par jeux & par sixains.

Triage & recoulage. Ces opérations consistent à enlever avec une pointe d'acier les ordures qui se trouvent sur le devant & le dos de la carte; séparer les blanches des brunes, & les défectueuses des bonnes, &c.

Par ce travail chaque sorte se trouve composée de quatre especes différentes, 1. des belles qu'on appelle *la fleur*, ce sont les plus blanches & les plus nettes; 2. des brunes qui se nomment *fonds*, la qualité du papier en est inférieure à celle du papier des belles; 3. les communes qui ont des défauts, & qu'on appelle *maîtresses*; 4. les cassées qu'on vend à la livre.

Il y a ordinairement sur une boutée de quarante sixains, deux sixains de fonds, deux ou trois sixains de maîtresses, deux ou trois sixains de cassées & le reste de fleur.

D'où il s'ensuit que les déchets du maître cartier peuvent être évalués à cinq ou six pour cent.

Assortissage. L'assortissage consiste à rassembler par sorte les cartes menées aux ciseaux, c'est-à-dire à réunir les rois de carreau ensemble, les dames de carreau ensemble, & ainsi des autres especes de cartes.

Jetter. Les cartes assorties sont mises en jeux; c'est ce qui s'appelle *jetter*.

La premiere carte placée dessus la table pour former un jeu, s'appelle *la couche*.

Envelopper. Lorsque les jeux sont complets, on les enveloppe dans des papiers à l'enseigne du fabriquant, cela s'appelle *plier en jeux*. On fait ensuite la couche; c'est-à-dire que l'on met la fleur des cartes de maniere qu'en composant les sixains, il se trouve à chaque bout du sixain un jeu de fleur.

Un bon ouvrier peut par jour assortir, trier, recouler, jetter ou réduire & envelopper en jeux & en sixains une boutée de quarante sixains d'entieres; mais comme cette boutée est plus forte pour le travail que celle des autres especes de jeux, il y a peu d'ouvriers qui puissent en venir à bout.

Par le détail précédent de la fabrication des cartes, & du tems qu'un ouvrier employe à chaque opération, il est facile d'estimer l'ouvrage d'un maitre cartier, selon le nombre des ouvriers qu'il occupe.

D'ailleurs avec un peu d'attention à suivre le travail,

B

il lui feroit difficile de frauder, fans qu'on ne s'en ap-
perçût.

L'unique reffource de la fraude eft d'avoir des atte-
liers cachés qu'on appelle *cremones*; mais fi les précau-
tions qu'on a prifes pour prévenir ou réprimer les différens genres de fraudes que l'expérience a fait connoître, ne réuffiffent pas entierement, elles la réduifent à
peu de chofe, eu égard au péril qu'on court, & aux pu-
nitions auxquelles on s'expofe.

Suivant les ftatuts des cartiers de Paris, les ouvriers
ne peuvent travailler en été que depuis quatre heures du
matin jufqu'à huit heures du foir; & en hiver, que depuis cinq heures du matin jufqu'à neuf heures du foir;
comme il eft d'ufage d'accorder trois heures pour les
repas, le tems du travail fe réduit à treize heures par
jour pour toute l'année.

Nous allons maintenant expliquer nos Planches; enfuite nous expoferons fommairement les articles du Réglement fur la fabrication des cartes.

PLANCHE Iere.

La vignette ou le haut de la Planche montre l'attelier d'un cartier.

Fig. 1. Ouvrier qui peint des têtes.
  2. Ouvrier qui peint des points.
  3. Liffeur.
  4. Coupeur.
  5. Ouvriere qui apporte des cartons au coupeur.
  6. Affortiffeur ou trieur ou recouleur.
  7. Ouvrier à la preffe.
  8. Chaudiere à colle.
  9. Chauffoir.

Bas de la Planche.

  1. Carton à l'étendage avec fon épingle.
  2. Pointe à trier ou enlever les bros.
  3. Poinçon à percer les cartons à étendre.
  4. Colombier ou boîte pour les cartes fuperflues.
  5. Moule gravé en bois ou en cuivre pour imprimer le
     trait.
  6. Patron jaune. Il y en a pour toutes les couleurs.

PLANCHE II.

Fig. 7. Chauffoir en grand.
  8. Liffoire avec fes détails.
   1 M 2, boîte de la liffoire.
   n, la pierre.
   M *n*, boîte de la liffoire, vûe en deffous & en deffus.
   u, la pierre.
  8. *a b*, la planche qui fait reffort, & qu'on appelle
    l'aviron. c d, la perche. 3, 4, 5, 6, 7, la marche
    avec la corde qui part des bouts de la marche, &
    paffe fur l'aviron. 1 M 2, la boîte avec la pierre.
    A, le marbre. B, la table.
Fig. A & *fig.* B. Chevalets qui foutiennent des cartons.
    A, chevalet chargé de cartons à fécher. B, che-
    valet chargé de cartons fecs.

PLANCHE III.

Fig. 9. Broffe à coller.
 10. & 11. Grands cifeaux défaffemblés.
 12. n. 1. L'efto avec les grands cifeaux affemblés &
    montés fur la table.
   Z, l'efto.
   A B, la table.
   4, 4, les tenons qui affemblent l'efto à la table.
   5, 5, *fig.* 12. n. 2. clavettes ou clés des tenons 4, 4.
   2, 2, litau fixé fur la furface de l'efto, *fig.* 12. n. 1.
   12, vis fixée fur l'efto, *fig.* 12. n. 1. & n. 2.
   a, *fig.* 12. n. 4. la même vis.
   b, fon écrou.
   1, 2, *fig.* 12. n. 4. entrailles ou échancrures, ou ar-
    rêtes pratiquées à la tête de la vis 12, *fig.* 12. n. 1.
 12. n. 2. L'efto avec la table & les autres parties vûes
    fous un point ou dans une direction oblique à celle
    de la *fig.* 12. n. 12, la vis de l'efto, dont l'arrête
    fixe un des bouts des lames des cifeaux. *r, s*, clou

& écrou des cifeaux. 1, 1, vis & écrou qui fixent
l'extrémité de la même branche des cifeaux fur la
table. 3, 3, 3, épingles plantées qui dirigent le carton à couper. 5, 5, clavettes. 4, tenons.
 12. n. 3. Les petits cifeaux avec leur efto. *r, s*, leurs
    cloux. 4, tenon. 1, vis avec fon écrou, qui fixe
    fur la table l'extrémité de la branche 2 des cifeaux.
 12. n. 4. La vis 12 de l'efto, vûe féparément. *a*, la vis.
    b, fon écrou.
 12. n. 5. 1, 1, la vis qui fixe l'extrémité de la branche
    des cifeaux fur la table, avec fon écrou.
 12. n. 6. Une des épingles de l'efto.
 12. n. 7. *r s*, clou des cifeaux, avec fon écrou.
 13. Frottoir ou frotton.
 14. Porte-coupeaux.
 15. Chaperon.
 16. Cifeaux à main.

PLANCHE IV.

La vignette montre l'attelier du collage avec fa preffe.
Fig. 1. Ouvrier qui fait de la colle fur fon fourneau.
  2. Preffe.

Bas de la Planche.

A, Vûe de la plate-forme de la preffe.
B, coupe de la même partie de la preffe fur fa lon-
   gueur.
C, face latérale de la même partie.
D, coupe de la même partie fur fa largeur.
E & F, ais de preffe vûs en-deffus & en-deffous.
G, coupe verticale de la chaudiere & du fourneau à
   colle.
H, tamis à colle.
I, porte-tamis.
K, cuillere à colle.
L, baquet à colle.

PLANCHE V.

Fig. 1. Compaffage en cœur.
  2. Compaffage en carreau.
  3. Compaffage en trefle.
  4. Compaffage en pique.
  Ces quatre fortes de compaffages font des inftrumens
qui fervent à former toutes les efpeces de patrons, lorfqu'il s'agit de renouveller ces patrons.

PLANCHE VI.

Fig. a, emporte-piece en carreau.
  b, carreau emporté.
  c, guide de l'emporte-piece en carreau.
  d, emporte-piece en pique.
  e, pique emporté.
  f, guide de l'emporte-piece en pique.
  g, emporte-piece circulaire.
  h, petit efpace circulaire emporté.
  i, guide de l'emporte-piece circulaire.
  k, emporte-piece en trefle.
  l, trefle emporté.
  m, guide de l'emporte-piece en trefle.
  n, emporte-piece en cœur.
  o, cœur emporté.
  p, guide de l'emporte-piece en cœur.
  q, calibre.
  r, épingle.
  f, couteau de bois dit *à féparer*.
  t, favonneur ou favonnoir.
  u, pierre-ponce.
  x, pointe à trier.
  y, broffe à effuyer les patrons.
  ʒ, carton en blanc.
  &, pinceau.
  1, platine à couleur.
  2, calotte à la couleur.
  3, goupillon.
  4, table.

Moyens d'assurer la perception du droit sur les cartes.

Le réglement du 9 du mois de Novembre 1751 prescrit six moyens principaux pour assurer la perception du droit, & pour obvier à tous les abus.

1°. De faire fournir par la régie aux cartiers le papier-pot sur lequel le droit devra être perçu lors de la livraison.

2°. De coller sur chaque jeu & sixain une bande de papier, sur laquelle sera empreinte la marque de la régie.

3°. De ne permettre qu'aux cartiers fabriquans, & à ceux qui seront commis par la régie, de vendre & débiter des cartes.

4°. De restreindre la fabrication des cartes à certaines villes.

5°. D'obliger tous les maîtres cartiers de se faire inscrire sur des registres qui seront tenus à cet effet dans les bureaux de la régie, & d'y déclarer leurs compagnons & apprentifs.

Premier objet. Fourniture du papier-pot. L'obligation imposée aux maîtres cartiers, de n'employer d'autre papier propre à l'impression des cartes à figures & à points, que celui qui leur sera fourni par les régisseurs, en assurant le droit, a pour but d'en rendre la perception plus aisée, & de désigner le lieu de la fabrication.

Ce papier est marqué par autant de filagrammes séparés que la feuille peut contenir de cartes; ensorte que chaque carte doit contenir une de ces marques.

Il suit de ce qui a été dit à l'article *Cartes*, & dans ce qui précede l'explication des Planches, que la multitude des opérations rend aux cartiers la fraude difficile.

La ressource d'un lieu secret appellé *cremone*, est dispendieuse, & n'est pas sans péril. Les cartes faites en fraude dans les cremones, n'ayant point la marque de la régie, sont saisissables chez les cartiers & chez les particuliers.

Le droit, conformément à l'article 3 du réglement, peut se percevoir à raison de ce que chaque feuille contient de cartes, indépendamment du prix marchand du papier & du déchet accordé.

Deuxieme objet. Le moulage. On a imaginé d'ôter les moules aux cartiers, & de les obliger de venir faire leur moulage à la régie, parce qu'ayant des moules, ils auroient pu facilement travailler en secret, mouler les cartes de tête sur du papier libre, & les mêler parmi les points fabriqués avec le papier de régie; ce qui auroit rendu la fraude difficile à démontrer, les couleurs appliquées offusquant le filagramme du papier de régie.

L'article 22 du réglement prononce les peines les plus graves contre les graveurs & tous autres qui graveront aucuns moules & aucunes planches propres à imprimer des cartes, sans la permission expresse du régisseur.

Troisieme objet. Bande de contrôle. Par cette bande, avant que d'ouvrir un jeu, on peut discerner la fraude. Cette bande se fait au balancier de la marque de régie; c'est une espece de papier timbré. D'ailleurs le rapport des bandes données aux cartiers avec le papier-pot qu'on leur a livré, & la quantité du moulage les absout ou les accuse.

Quatrieme objet. Débit réservé aux maîtres cartiers & autres qui en ont la permission du régisseur. Par ce moyen on connoît tous les débitans légitimes, condition nécessaire à la perception du droit. Le régisseur a son intérêt à n'accorder sa permission qu'à des gens aisés & de probité.

Cinquieme objet. Fabrication restreinte à certaines villes. De-là suit la diminution des frais de régie, & la facilité de la régie.

Sixieme objet. Cartiers inscrits, & compagnons & apprentifs déclarés. Cette précaution donne lieu de comparer l'emploi du papier, le travail & le débit.

Septieme objet. Cremones & lieux secrets. Il est défendu aux cartiers d'en avoir sous les peines les plus graves; ces peines s'étendent même aux propriétaires qui auront connivé à la fraude.

L'exécution du réglement ne peut pas être la même partout. Il y a des villes qui ont leurs franchises, leurs privileges, qu'il faut ménager. Ainsi à Strasbourg, si la régie a lieu, c'est le magistrat qui doit veiller à l'intérêt de la régie, juger les procès, lever le droit, nommer les commis, compter avec le régisseur, & adresser les fonds directement au trésor de l'Ecole royale militaire, à laquelle ils ont été attribués. Tels furent du moins les moyens qu'on avoit en vûe pour prévenir toute discussion, lorsqu'il fut question d'établir la régie dans ce lieu & d'autres pareillement privilégiés. *Voyez* l'art. *Cartier.*

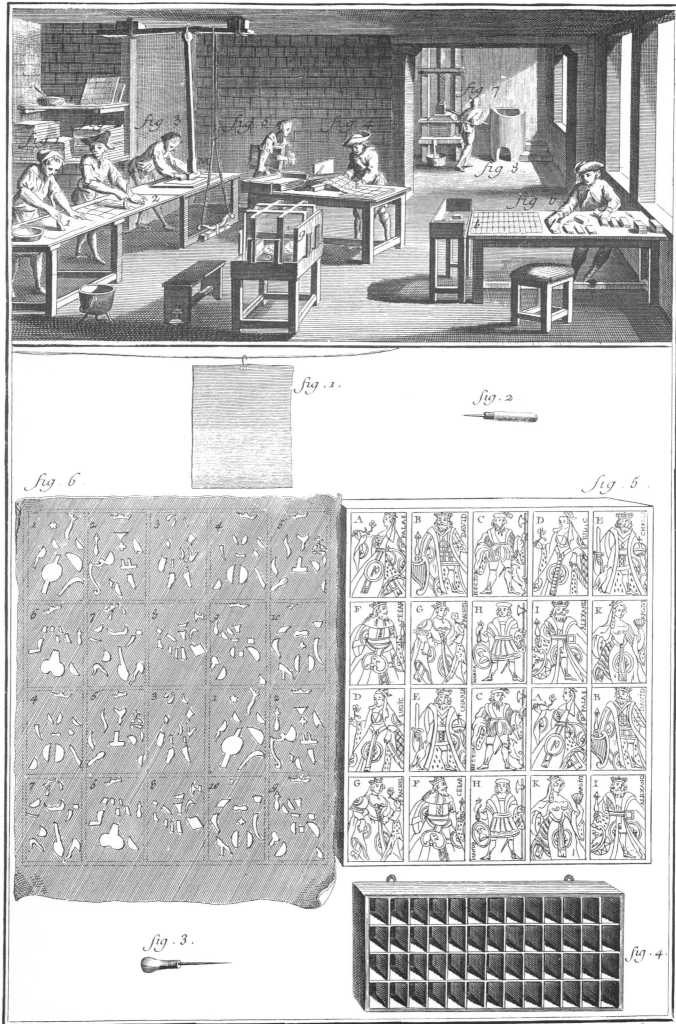

Pl. 1.

fig. 7

fig. 3

fig. 6

fig. 1

fig. 2

fig. 6

fig. 5

fig. 3

fig. 4

Benard Fecit.

Cartier.

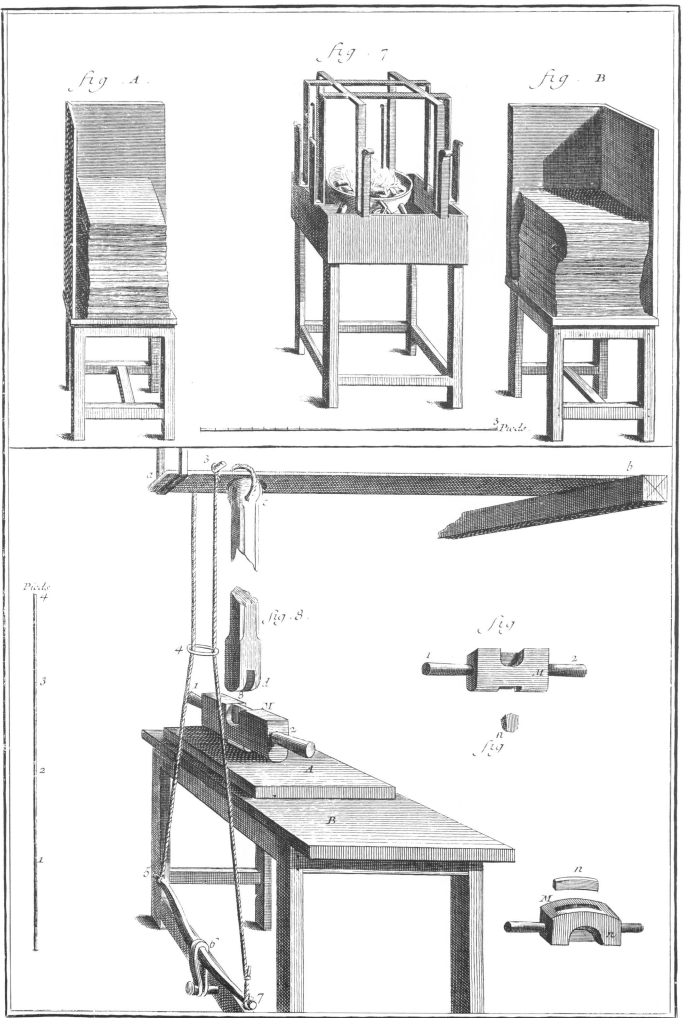

Pl. II

fig. A.

fig. 7

fig. B.

3 Pieds

fig. 8.

fig

fig

Pieds
4

3

2

1

Benard Fecit.

Cartier.

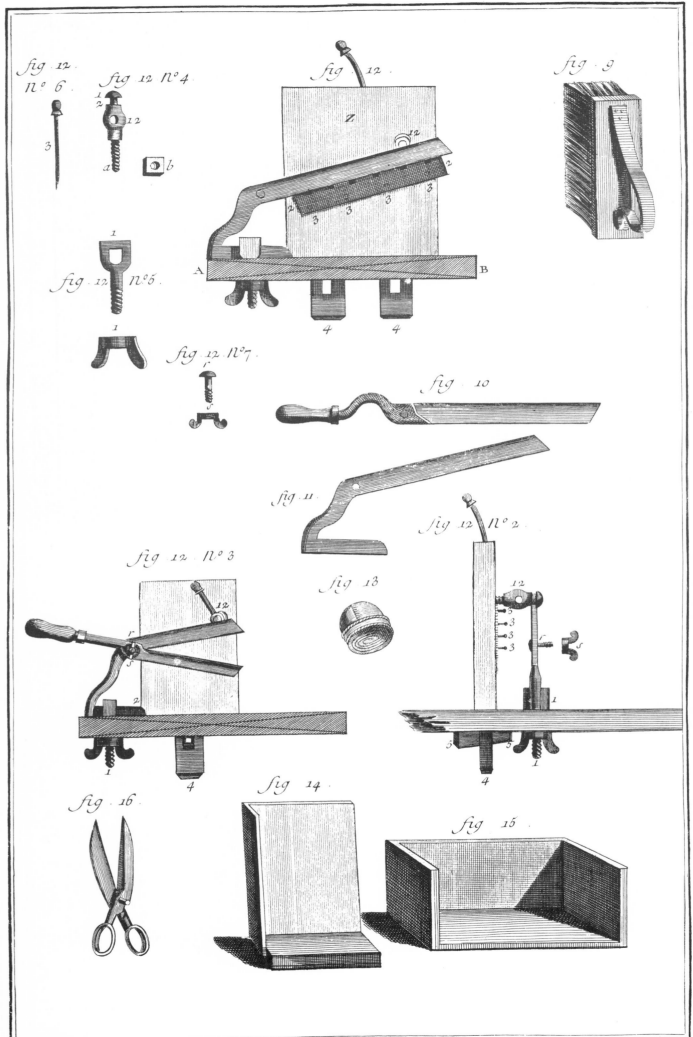

Pl. 111.

fig. 12.
N° 6.

fig. 12 N° 4.

fig. 12.

fig. 9.

fig. 12. N° 5.

fig. 12. N° 7.

fig. 10.

fig. 11.

fig. 12. N° 2.

fig. 12. N° 3.

fig. 13.

fig. 16.

fig. 14.

fig. 15.

Benard Fecit

Cartier.

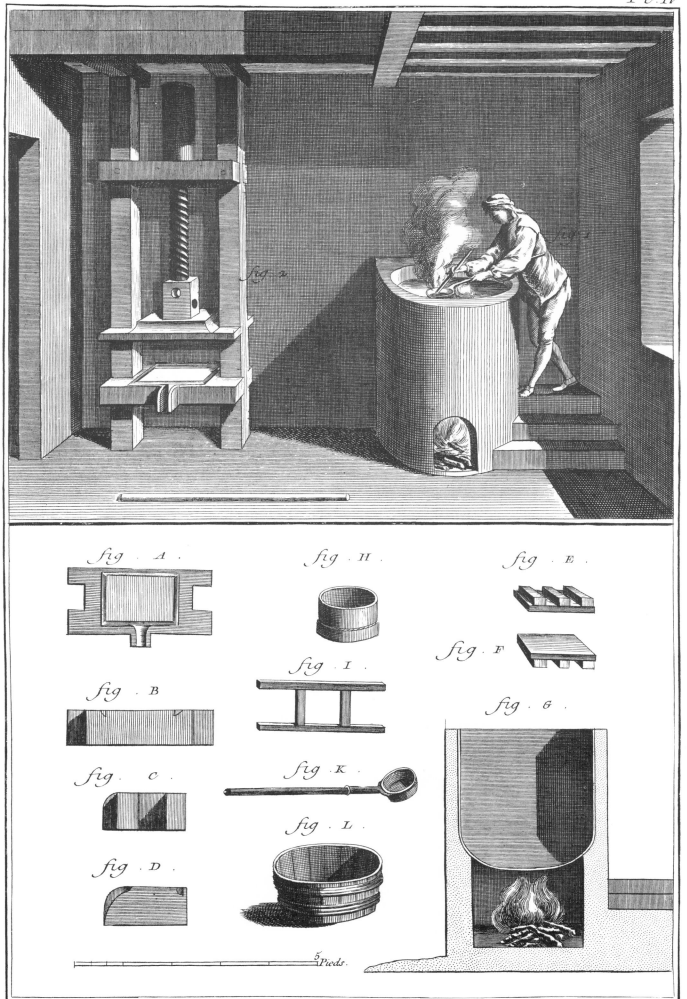

Pl. IV

fig. 2.

fig. 1.

fig. A.

fig. H.

fig. E.

fig. F.

fig. B.

fig. I.

fig. C.

fig. K.

fig. G.

fig. D.

fig. L.

5 Pieds.

Benard Fecit.

Cartier.

Pl. V.

fig. 2.   fig. 1.

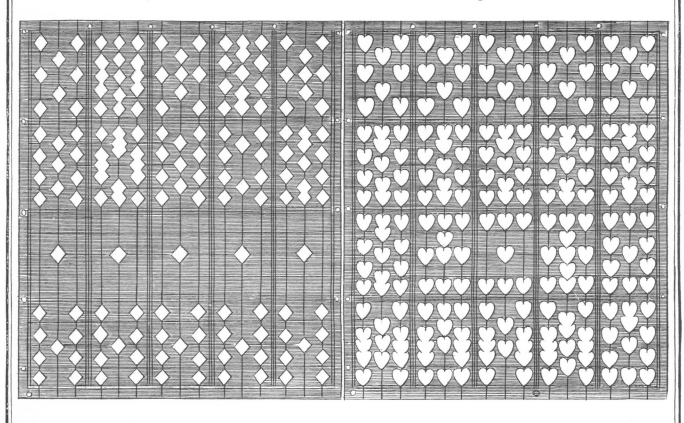

fig. 3.   fig. 4.

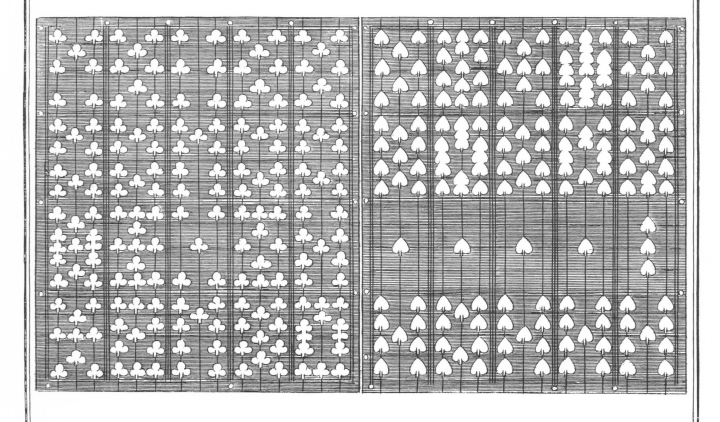

Benard Fecit.

Cartier.

Pl. VI.

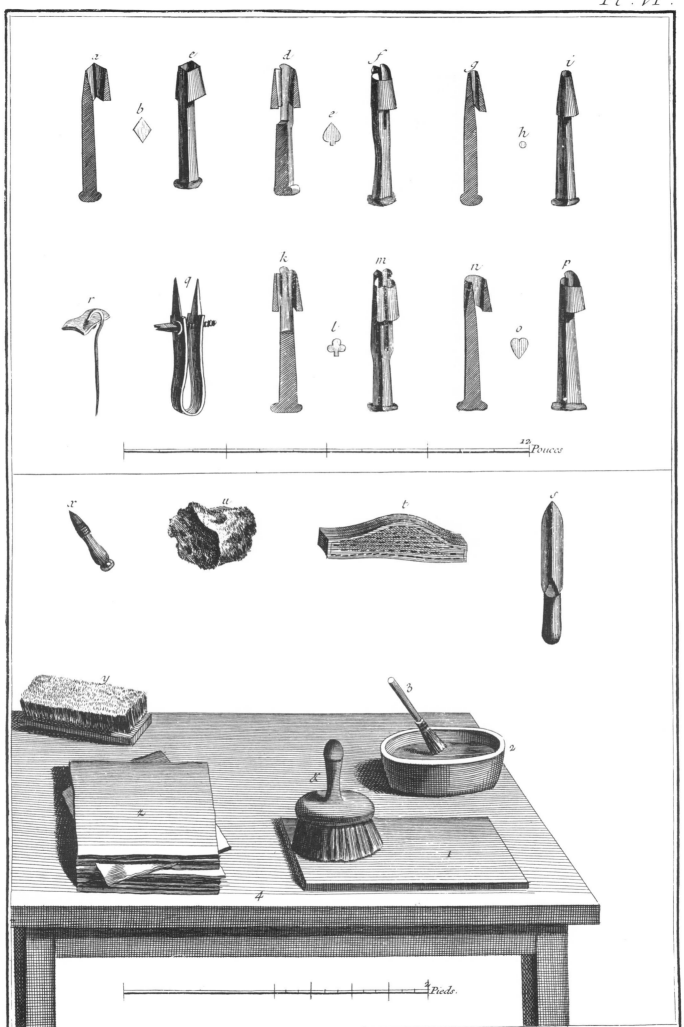

Benard Fecit

Cartier.

CARTONNIER ET GAUFREUR EN CARTON,

CONTENANT DEUX PLANCHES.

PLANCHE Iere.

ON voit dans le haut de la Planche ou la vignette l'attelier d'un cartonnier.

Fig. 1. Ouvrier qui acheve de mettre la matiere du carton en bouillie, par l'action du moulin.

A B, la cuve du moulin.

C D, l'arbre.

E F G, brancard.

2. Ouvrier cartonnier fabriquant le carton.

A B, cuve.

C D, le grand évier ou l'égouttoir.

G, une forme.

F, le tonneau du bout (c'est son nom).

E, ouverture qui rend l'eau & la matiere dans le tonneau F.

K, L, plateau de la presse.

H I, pile ou pressée.

3. Ouvrier à la presse.

A B, plateau.

Bas de la Planche.

1. Auge de pierre pour rompre & pour préparer l'ouvrage.

2. évier ou égouttoir.

3. Pelle à rompre.

4. Coupe du tournoire ou moulin.

C D, l'arbre.

E F, ses tourillons.

V, la crapaudine.

G H, bras du brancard.

I K, L M, autres parties du brancard.

n o, *p q*, cordes & clavettes.

r s, *r s*, *r s*, *r s*, couteaux.

5. Rateau à griffes de fer.

6. Bout de la perche & boîte de la lissoire.

7. Moule ou forme à carton.

8. Moule ou forme à carton partagée en deux.

9. Séparation du grand moule ou de la grande forme.

10. Plateau.

11. Lange ou moleton.

12. Chaudron à colle.

13. Tamis à colle.

14. Brosse à coller.

15. Chemin à conduire une pressée sous la pierre.

16. Ratissoire.

17. Pointe ou poinçon.

18. Crochet ou aiguille.

19. Pierre à lisser.

PLANCHE II.

Gaufreur en carton.

Fig. 1. Table de presse d'imprimerie en taille-douce, entaillée pour recevoir les planches gravées en creux, ou le passe-par-tout dans lequel on les place.

2. Passe-par-tout.

3. Planche gravée en creux.

4. Assemblage des trois figures précédentes, prêt à passer sous la presse.

5. Passe-par-tout dont les trous B B sont tournés en forme d'écrans.

6. Planches gravées pour des écrans.

7. Planche gravée en creux pour des écrans, dans le milieu de laquelle on a creusé l'emplacement de la planche de cuivre qui est à côté.

8. Le même appareil prêt à passer sous la presse.

9. Moule de corne pour gaufrer des couvertures de livres, &c. *Voyez* à l'art. *Carton* le détail de l'art.

Pl. 1

fig. 3

fig. 2

fig. 1

fig. 4   fig. 3   fig. 1

fig. 10   fig. 11   fig. 7

fig. 16   fig. 9   fig. 8

fig. 12   fig. 6   fig. 17   fig. 18   fig. 16

fig. 13

fig. 19   fig. 14

1   2   3   4 Pieds

1   2 Pieds

Benard Fecit

Cartonnier.

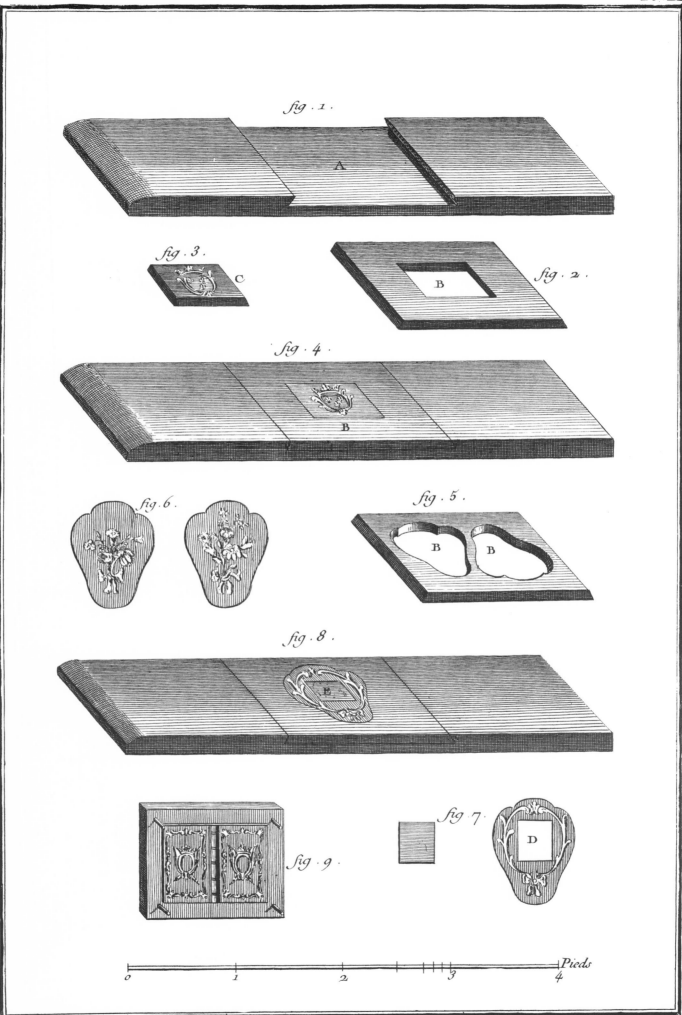

Pl. II.

fig. 1.

A

fig. 3.

C

fig. 2.

B

fig. 4.

B

fig. 6.

fig. 5.

B   B

fig. 8.

E

fig. 9.

fig. 7.

D

0   1   2   3   4   Pieds

Goussier del.

Benard Fecit.

Gaufrure du Carton.

CHANDELIER,

CONTENANT DEUX PLANCHES.

PLANCHE Iere.

LA vignette ou le haut de la Planche montre les opérations principales du chandelier.

Fig. 1. Coupeur de meches, placé devant son banc.
2. Ouvrier qui fait fondre le suif.
3. Ouvrier qui fait de la chandelle à la baguette.
4. Ouvrier qui fait de la chandelle au moule.
1. Tamis à passer le suif.
2. Pannier aux pelotes.
3. Pannier à suif.
4. Sibille.
5. Pain ou jatte de suif.
6. Pelote ou peloton de coton.
7. Truelle.
8. Abîme.
9. Table à moule.
10. Baguettes ou broches à chandelle.
11. Dépéçoir.
12. Caque.
13. Banc à couper.

Bas de la Planche.

Fig. 1. Banc à dépécer le suif, ou dépéçoir.
2. Banc à couper les meches, ou couteau à meches.
3. Abîme.
4. Etabli à broches chargées de chandelles.

PLANCHE II.

Fig. 5. Moule à chandelle. *a b*, le collet. *b c*, la tige. *c d*, le culot. *e f*, le crochet.
6. Table à moules.
7. Burette ou pot à mouler.
8. Aiguille.
A, tournette à dévider le coton, avec le pannier aux pelotes.
B, couteau à couper le suif.
C, Chaudiere à faire fondre le suif, placée sur son trépié.
D, caque à refroidir le suif, avant que de le jetter dans les moules.
E, tamis à passer le suif.
F, coupe-queue. A, table du coupe-queue. B, piece de bois pôsée sur cette table. *c, c, c, c*, piés ou supports du coupe-queue. *d.* poîle pleine de charbons qui échauffent le coupe-queue E. E, coupe-queue. FF, les mains de l'ouvrier qui passent une broche chargée de chandelles sur le coupe-queue. E, la plaque échauffée qui coupe également l'extrémité des chandelles, reçoit le suif à mesure qu'il fond, & le rend par la goulette G dans la jatte H.
G, pot à suif.
H, truelle à ramasser le suif. *Voyez* à l'art. *Chandelle* le détail de l'art & de ses outils.

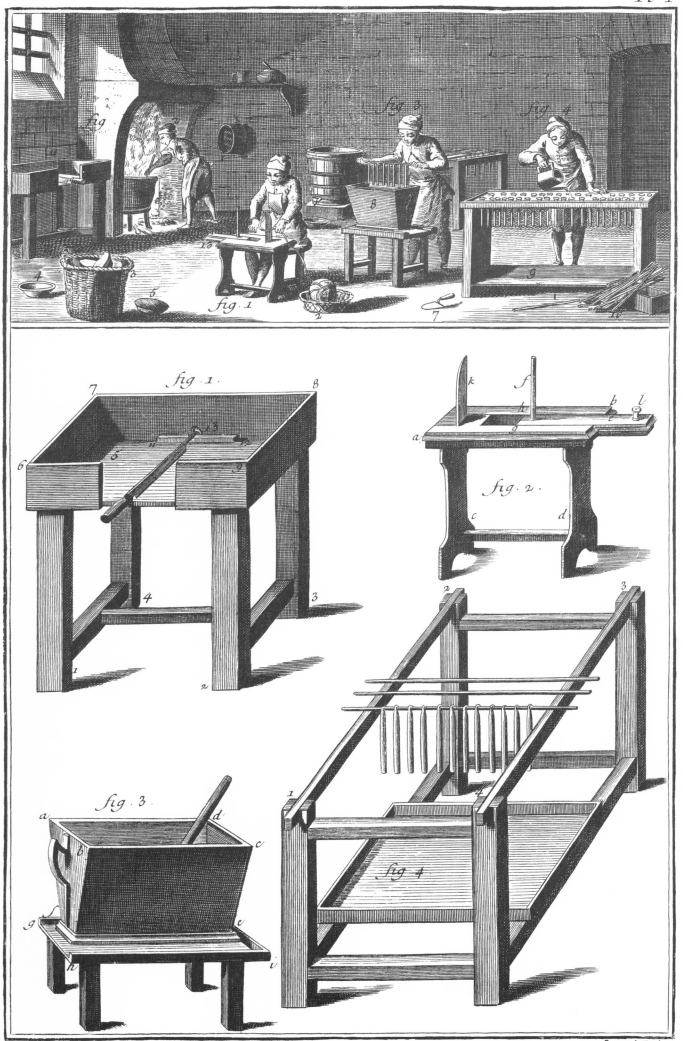

Pl. I

fig. 1.

fig. 1.

fig. 2.

fig. 3.

fig. 4.

Benard Fecit.

Chandelier.

Pl. II.

fig. 5.

fig. 6.

fig. 8.

fig. 7.

fig. c.

fig. D.

fig. G.

fig. E.

fig. H.

fig. B.

fig. A.

Benard Fecit.

Chandelier.

CIRIER,

CONTENANT QUATRE PLANCHES.

PLANCHE I.

LA vignette repréfente l'intérieur d'un attelier où l'on voit plufieurs ouvriers occupés à différentes opérations de la profeffion.

Fig. 1. Ouvrier qui fabrique de la bougie filée.

A, le tour ou tambour, fur lequel la bougie s'enveloppe au fortir de la filiere qui eft fixée fur le péreau C, dans lequel eft la cire fondue. Le péreau eft pofé fur une table nommée *chaife*, dans laquelle eft une poîle remplie d'un feu modéré.

B, le fecond tour.

2. Ouvrier qui jette des cierges à la cuilliere; les cierges font fufpendus à la romaine. L'ouvrier eft placé auprès de la baffine dans laquelle eft la cire fondue. La baffine, qui eft entourée d'un rebord de fer-blanc, eft pofée fur le caque dans lequel on introduit une poîle pleine de feu. La baffine, qui eft de cuivre, eft étamée en coquille.

3. Ouvrier qui roule un cierge avec le rouloir. Les bougies fe roulent de la même façon.

4. Un lit compofé de lit de plume, draps & couvertures, dans lequel on met les cierges & les bougies avant de les rouler, afin que la chaleur des derniers jets fe diftribue également à l'intérieur & à la fuperficie.

Bas de la Planche.

Fig. 1. Repréfente plus en grand & fous un autre afpect l'équipage dont on fe fert pour fabriquer la bougie filée; fçavoir, un des deux tours, la chaife, dont l'intérieur eft doublé de taule, vûe du côté de l'entrée de la braifiere, le péreau pofé deffus, & la filiere.

1. n. 2. La filiere.

1. n. 3. Plan du péreau.

1. n. 4. Coupe tranfverfale du péreau par le milieu, fur fa largeur.

1. n. 5. Elévation d'un des deux tours, féparé de fon pié.

PLANCHE II.

Fig. 2. Repréfente plus en grand tout l'équipage de l'ouvrier, *fig.* 2. de la vignette précédente; fçavoir, le caque ou fourneau (celui-ci eft de cuivre), dans lequel eft une poîle remplie de feu. Sur le caque eft pofée la baffine, & fur la baffine, le tour ou rebord de fer-blanc, échancré en deux endroits, pour laiffer entrer & fortir les bougies qui font fufpendues au nombre de cinquante à un cerceau de bois garni de crochets de fil de fer.

2. n. 2. Tour de fer-blanc de la baffine. A, ouverture par laquelle entrent les bougies. B, ouverture par où elles fortent.

2. n. 3. Coupe verticale par le diametre du caque de la baffine & du rebord ou tour de fer-blanc.

4. Cuilliere dont fe fert l'ouvrier, *fig.* 2. de la vignette.

5. Plaque de fer percée de trous, dont on fe fert pour couvrir la poîle qui eft fous la baffine, & modérer par ce moyen la chaleur.

6. Couteau à tête; il eft de buis, & n'a qu'un bifeau. Il fert pour faire les têtes des bougies. Cette figure & les quatre fuivantes font deffinées fur une échelle double.

7. Autre couteau ayant deux bifeaux, nommé *couteau à ferrets*; il eft auffi de buis.

N°. 8. Cirier.

8. Couteau à pié; il eft d'acier & garni d'un bouton, pour empêcher que le tranchant ne porte fur la table. Il fert à couper la bougie & les meches du côté du pié.

9. Rouloir, dont fe fert l'ouvrier, *fig.* 4. de la vignette. C'eft un quarré de bois de guayac, ou autre bois dur, de douze pouces de long, fur fept de large.

10. Caque de bois garni de bandes de fer, & doublé de taule.

11. Broche pour percer les cierges; il y en a de différentes grandeurs.

12. Coupoir ou taille-meches.

PLANCHE III.

Fig. 1. Taille-meches.

A, la broche qui fe monte à vis dans un des trous taraudé d'une plate-bande de fer qui eft fixée fur l'établi.

B, couteau dont le taillant eft tourné du côté de l'ouvrier.

C, tamis ou crible foncé de parchemin, dans lequel font les pelottes de fil de coton pour faire les meches.

2. Autre coupoir ou taille-meche; il differe du précédent, en ce que la broche A eft fixée fur un morceau de bois C, mobile à couliffe, dans une rainure pratiquée à la table où le morceau de bois eft arrêté par une vis latérale D.

3. Cerceau pour les bougies; il eft garni de quarante-huit ou cinquante ficelles enduites de cire, auxquelles on colle les meches des bougies par le côté oppofé au collet; les ferrets font dans le bas.

4. Autre cerceau garni de quarante-huit ou cinquante crochets de fer, pour y fufpendre les bougies par le collet de la meche, après qu'on en a ôté les ferrets.

5. *a*, meche qui a été trempée dans la cire.

b, meche dont le collet qui n'a point été trempé dans la cire, eft enfilé dans un ferret.

d, ferret ou petit tuyau de fer blanc.

c, bougie telle qu'elle fort de deffus le cerceau, *fig.* 3. elle eft plus groffe par le bas que par le haut, & le ferret qui eft au bas, eft totalement recouvert par la cire.

6. Les bougies fortant de deffus le cerceau, *fig.* 3. font roulées, & avec le couteau de buis à deux bifeaux on coupe du côté des ferrets une partie de la cire qui les recouvre, afin de pouvoir ôter les ferrets, & découvrir les meches.

7. Les mêmes bougies dont on a formé le collet avec le couteau de buis à un feul bifeau.

8. Les mêmes bougies fortant de deffus le cerceau, *fig.* 4. où elles ont reçu les derniers jets, font roulées fur la table, & coupées de longueur avec le couteau à bouton.

9. Table du rouloir, vûe en plan.

A, petite cuvette qui eft de cuivre étamé, dans laquelle eft l'eau de favon qui fert à mouiller la table & le rouloir.

B, Couteau à deux bifeaux.

C, broche pour percer les cierges.

D, cierge entierement achevé.

E, cierge dans lequel la broche eft introduite.

F, cierge fous le rouloir.

G, le rouloir qui eft pofé un peu obliquement fur le cierge.

PLANCHE IV.

10. Broye pour écacher la cire.
11. Etuve pour faire fécher les meches,
12. Gradin pour placer l'ouvrier, lorfqu'il jette de grands cierges.
13. Souche montée d'un petit cierge.
14. Souche repréfentée féparément.
15. Partie fupérieure d'une fouche à reffort.
16. Souche à reffort, prête à être placée dans le cierge précédent.

17. Les différentes pieces de la fouche à reffort, repréfentées féparément. Au-deffous eft le reffort à boudin qui repouffe la bougie contre le chapiteau de la fouche.
18. Bougie pour la fouche.
19. Flambeaux de poing. On voit dans le premier **A** les quatre cordons des meches qui le compofent; & dans le fecond **D**, qui eft recouvert de cire, les quatre gouttieres ou cannelures qui y font faites avec l'écariffoir ou gravoir, *fig.* 20.
20. Ecariffoir pour flambeaux.

Voyez les art. *Cire* & *Cirier*, *Cierge*, *Bougie*, &c.

Pl. I.

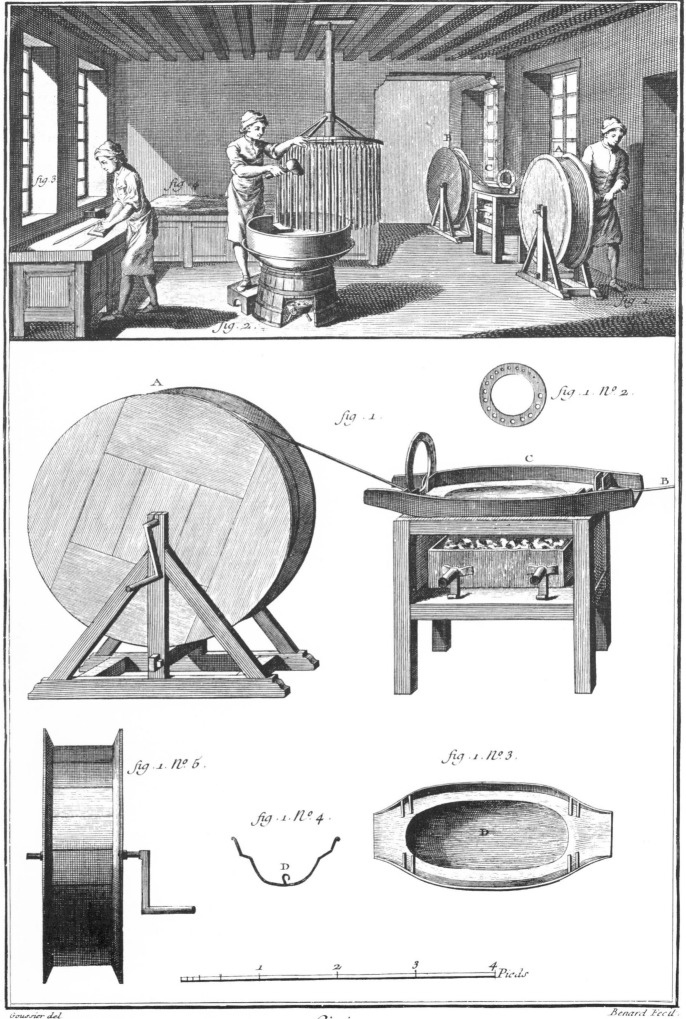

fig. 3.

fig. 4.

fig. 2.

fig. 1.

fig. 1. Nº 2.

fig. 1. Nº 5.

fig. 1. Nº 4.

fig. 1. Nº 3.

1   2   3   4 Pieds.

Goussier del.

Benard Fecit.

Cirier.

Pl. 11.

fig. 2. N°. 2.

fig. 2.

fig. 2. N° 3.

fig. 5.

fig. 6.

fig. 4.

fig. 10.

fig. 7.

fig. 11.

fig. 8.

fig. 9.

fig. 12.

1   2   3 Pieds

Benard Fecit.

Cirier.

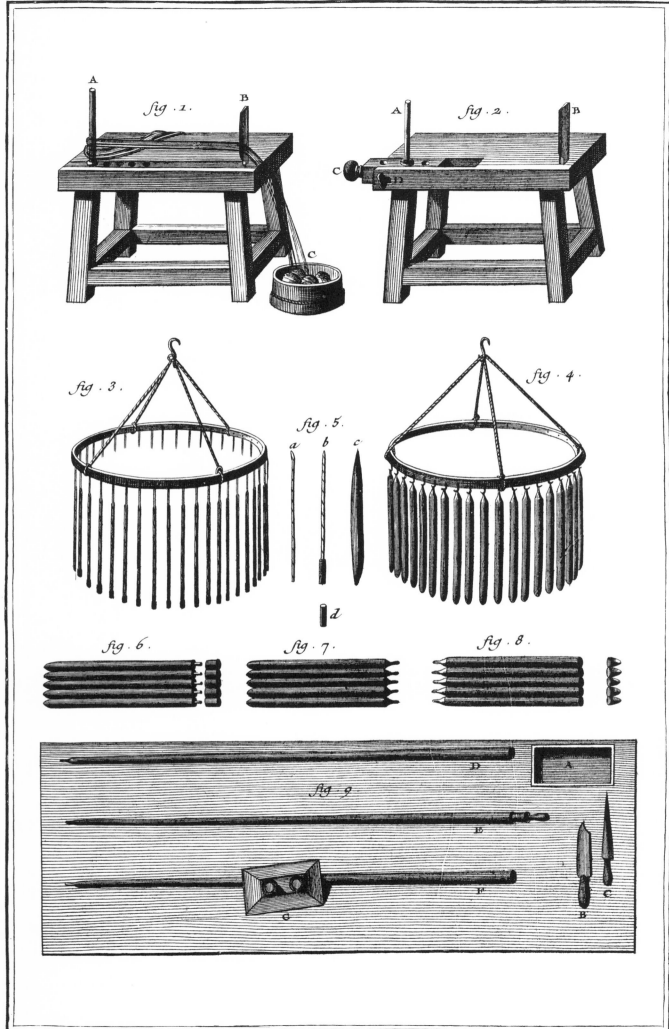

Pl. III.

Goussier del.

Benard Fecit

Cirier.

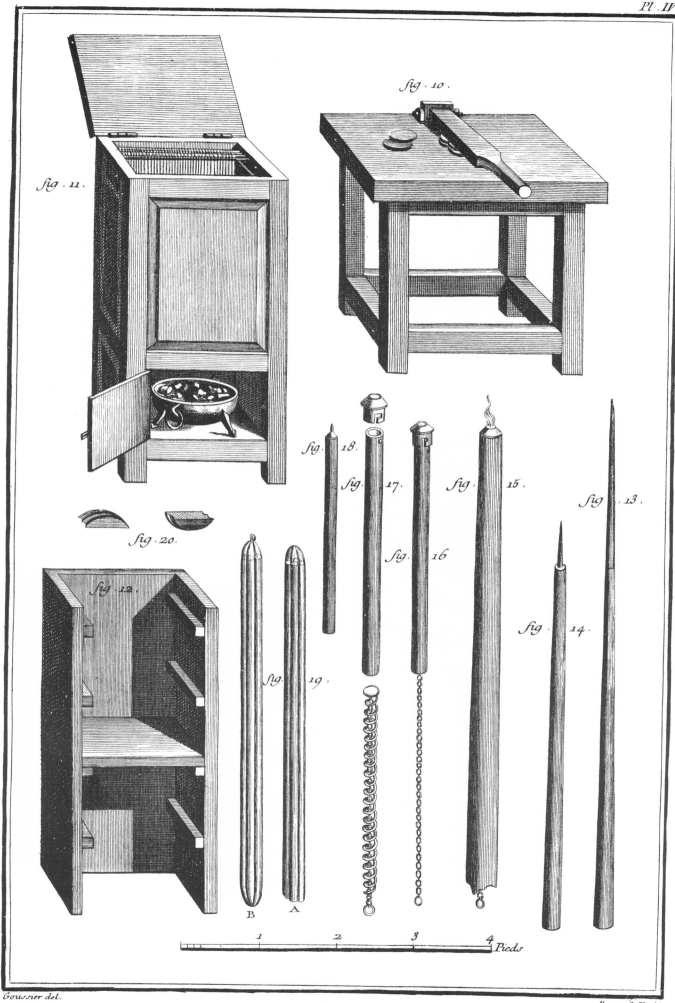

Pl. IV.

Cirier.

FABRIQUE DE LA CIRE D'ESPAGNE OU A CACHETER,

Contenant deux Planches.

PLANCHE Iere.

La vignette repréfente l'intérieur de l'attelier, où on fond les matieres qui compofent la cire.

Fig. 1. Ouvriere qui remue la compofition vifqueufe qui eft dans une chaudiere, avec deux bâtons, dont celui qui eft dans fa main droite paffe dans fa main gauche, ainfi alternativement.

2. Ouviere qui, après avoir pris à la main dans la chaudiere, *fig.* 1. une poignée de la compofition, la pefe, pour que les tireurs, *fig.* 3 *&* 4. puiffent en former des baguettes de quatre ou fix bouts d'égale longueur & d'égal poids.

3 *&* 4. Tireurs qui ayant reçu la compofition pefée par l'ouvriere, *fig.* 2. la paitriffent en long entre leurs mains, & la roulent fur une plaque de laiton, un peu bombée fur le milieu. Cette plaque qui effleure le deffus de la table, couvre une ouverture qui y eft pratiquée, fous laquelle eft une braifiere remplie de cendres chaudes. On voit fous une hotte de cheminée le fourneau fur lequel on fait fondre les matieres dans la chaudiere.

Bas de la Planche.

Fig. 1. Bâtons dont fe fert l'ouvrier, *fig.* 1. de la vignette, pour remuer la compofition.

2. Chaudiere; elle eft de laiton.

3. Lunette ou pié de la chaudiere.

4. Braifiere de taule, que les ouvriers, *fig.* 3 *&* 4. mettent fous la plaque où ils allongent la cire.

5. Fers ou fpatules pour grater les parois & le fond des chaudieres.

6. Une des deux plaques des ouvriers, *fig.* 3 *&* 4. fur lefquelles ils roulent & tirent la cire en long.

7. Fourneau, le même que celui qui eft fous la cheminée; à côté font les deux portes du cendrier & du fourneau.

PLANCHE II.

La vignette repréfente l'intérieur de l'attelier où on polit la cire, & où on met la couverture aux cires communes.

Fig. 1. Ouvriere qui chauffe les bâtons de cire entre les grilles du fourneau. *f*, la poîle remplie de cendres. *g*, les grilles dans lefquelles il y a du feu de charbon. *e*, boîte dans laquelle eft la matiere que l'on nomme *couverture*, qui eft de belle cire à cacheter mife en poudre. Cette boîte eft ouverte par un des petits côtés; & l'ouvriere, après avoir parfondu la furface du bâton de cire commune qu'elle tient entre les grilles du fourneau, le plonge dans la pouffiere contenue dans la boîte *e*. Cette pouffiere s'attache autour, c'eft ce qu'on appelle *couverture* : elle paffe encore une fois le bâton entre les grilles du fourneau, pour faire fondre cette pouffiere, puis le préfente à l'ouvrier, *fig.* 2. Au-deffus de l'emplacement du fourneau à grille eft une hotte de cheminée qui communique au-dehors, pour laiffer évaporer la vapeur du charbon.

2. Ouvrier qui roule & polit fur un marbre avec un poliffoir de bois de cormier un bâton de cire; il peut rendre le bâton quarré en le comprimant, après qu'il eft arrondi. *b*, le marbre fur lequel il le roule. *a*, taffeau de bois couvert de papier & de même épaiffeur que le marbre, pour fupporter l'extrémité de la baguette de cire qu'il travaille. *c*, autre grand marbre fur lequel il place les bâtons, après qu'ils font achevés & tracés avec l'inftrument, *fig.* 3. du bas de la Planche, pour être rompus par longueurs égales. *d*, taffeau de bois de même épaiffeur que le marbre *c*. On voit fur la même table les balances qui fervent à pefer la compofition, lorfque l'on tire la cire.

3. Table fur laquelle eft étendue une couverture en double dans laquelle on met la cire. On y voit auffi un marbre pour le même ufage que ceux dont on a parlé.

Bas de la Planche.

Fig. 1. Fourneau à grille de l'ouvriere, *fig.* 1. repréfenté plus en grand & du côté qui fait face à l'ouvriere.

2. Autre fourneau à grille démonté, vû en perfpective & du côté de l'ouvriere.

3. Mefure ou compas dont fe fert l'ouvrier, *fig.* 2. po.. marquer les longueurs des bouts, en l'imprimant fortement dans la cire encore molle, ce qui facilite la rupture.

4. Le poliffoir en perfpective & en profil.

5. Plan de la table à polir de l'ouvrier, *fig.* 2. vûe du côté de l'ouvrier, avec tous les marbres & uftenfiles néceffaires.
A, taffeau de bois couvert de papier.
B, marbre fur lequel on polit la cire.
A B, un bâton de cire, fur lequel le rouloir eft pofé.
C, grand marbre.
D, grands taffeaux de bois, fur lefquels on met les bâtons de cire, après qu'ils font polis, comme on voit en C D.

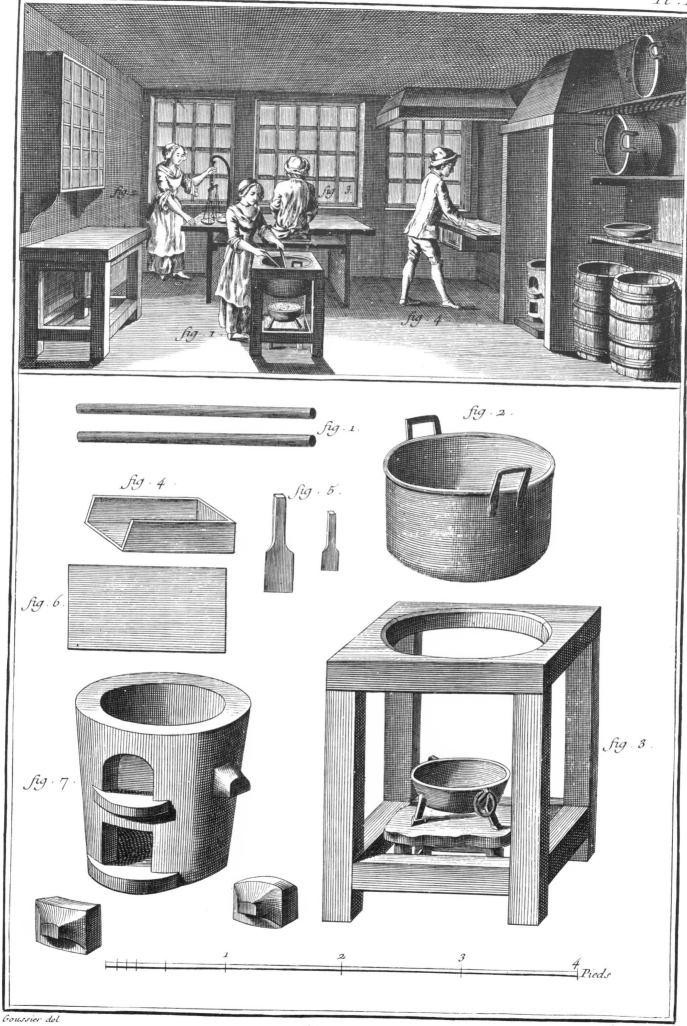

Pl. 1.

fig. 2.

fig. 3.

fig. 1.

fig. 4.

fig. 5.

fig. 6.

fig. 7.

1   2   3   4 Pieds

Goussier del.

Benard Fecit.

Cirier,

en Cire à Cacheter.

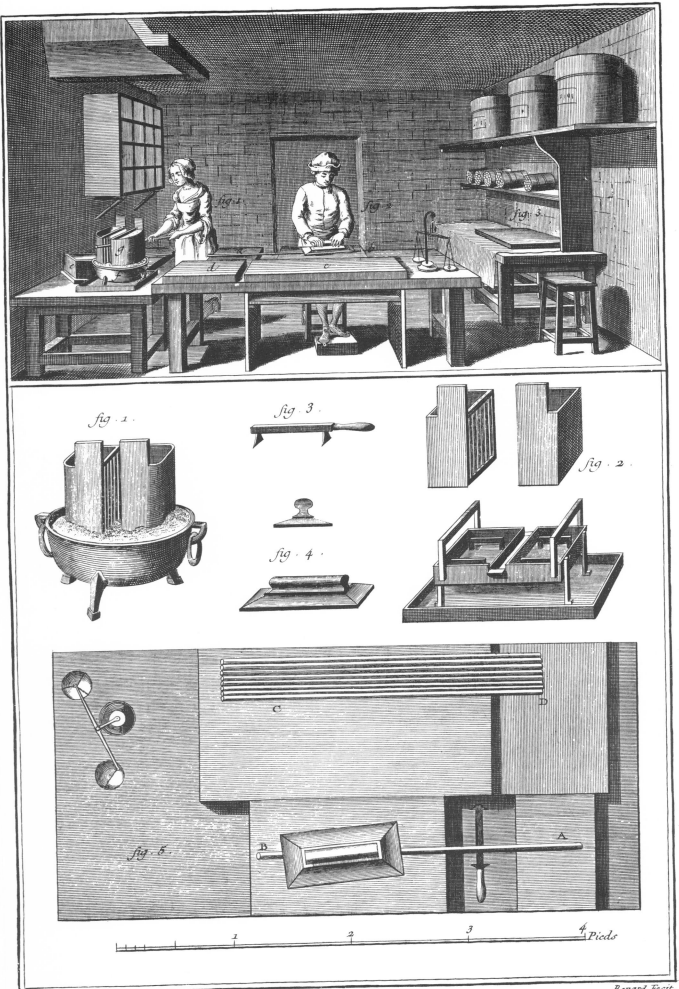

Pl. II.

Pieds

Goussier del

Benard Fecit.

Cirier

en Cire a Cacheter.

BLANCHISSAGE DES CIRES,

CONTENANT TROIS PLANCHES.

PLANCHE Iere.

LA vignette repréfente un jardin dans lequel font établis les quarrés fur lefquels on expofe la cire au foleil.

Fig. 1. Charpente d'un quarré où il n'eft refté que les dormans ; on diftingue fur les tringles qui forment le contour des quarrés , les trous qui doivent recevoir les chevilles & les piquets.

2. Quarré femblable au précédent, auquel on a ajouté les chevilles & les piquets.

3. Quarré fur lequel la toile couverte de cire rubanée eft tendue ; les bords de la toile font attachés aux piquets par des clous à crochet fixés à la partie fupérieure.

Bas de la Planche.

Il repréfente le plan général d'une fonderie qui eft le principal attelier d'une blanchifferie. Ce même attelier eft repréfenté en perfpective dans la vignette de la Planche fuivante.

A, A, A, chaudieres à fondre ; elles font de cuivre & étamées en coquilles pour plus de folidité.

B, C, cuves dans lefquelles on laiffe couler la cire après qu'elle eft fondue, & où on la laiffe repofer, avant de la paffer par la grelloire. On couvre ces cuves avec un couvercle de bois, & on les enveloppe avec des couvertures.

B B, C C, cuves de rechange pour le même ufage.

D, E, baignoires.

E, F, robinets pour vuider les cuves.

H, H, cylindres.

I, I, fiéges de celui qui tourne le cylindre.

G, ouverture du puifart.

K L, bâti de charpente, fervant de table pour écueller.

R S, autre bâti femblable, mais couvert de planches à pains.

PLANCHE II.

La vignette repréfente l'intérieur d'une fonderie vûe en perfpective.

A, A, A, chaudieres dans lefquelles on fait fondre la cire.

B, C, cuves où on la laiffe repofer; la cuve C devroit être couverte & enveloppée de couvertures.

D, E, baignoires.

H, H, cylindres, dont celui qui répond à la cuve B, eft tourné par une fille, *fig.* 1. Les chiffres 7 & 8 indiquent une barre 7, une planchette 8 (cuve D), qui traverfent la baignoire. La barre fert de fupport à la planchette dont l'ufage eft d'empêcher, en frottant contre le cylindre, que la cire rubanée, contenue dans la baignoire , ne remonte fur

le cylindre : cette barre & cette planchette devroient être placées à l'autre cylindre.

F, robinet pour écouler l'eau fuperflue dans le puifart G.

R, S, planches à pains, rangées fur leur chaffis. Au-deffus du plancher on voit un treuil T, fur lequel s'enroule la corde T V Y, qui paffant fur la poulie, fe termine en trois cordons pour enlever la cuve B, lorfqu'elle eft vuide, & y fubftituer la cuve B B. La feconde cuve C s'enleve de même , au moyen d'un autre cordage femblable au précédent, qui paffe par la poulie W.

2. Ouvrier occupé à emplir la manne N.

3. Ouvrier qui tranfporte une manne près des quarrés.

Bas de la Planche.

2. Profil d'une partie de la cuve, de la baignoire, de la grelloire, &c. pour faire voir la difpofition relative de toutes ces pieces.

3. Main de bois pour retourner les pains de cire étendus fur les toiles.

4. Spatule pour braffer la cire pendant qu'elle fond dans les chaudieres A, A, A, vignette.

5. Ecuellon de cuivre étamé, fervant aux ouvrieres pour emplir les planches à pains.

5. n. 2. Entonnoir de cuivre étamé, que l'on place dans l'ouverture d'un des robinets des chaudieres A, A, A, en-dedans de la chaudiere, pour pouvoir les vuider entierement.

5. n. 3. Pot auffi de cuivre étamé, avec lequel on puife le réfidu de la cire contenue dans la chaudiere, pour le verfer dans l'entonnoir.

PLANCHE III.

Ou fuite de la Planche feconde.

6. Planche à pains, ayant vingt moules difpofés fur deux rangées.

7. Coffre à écueller en perfpective, avec fon fupport & la planche que l'on pofe en travers de la baignoire, au lieu & place du cylindre, lorfque l'on a fondu la cire pour la derniere fois.

7. n. 2. Profil du coffre à écueller.

7. n. 3. Un des longs rechauds que l'on place le long du coffre, pour entretenir la fluidité de la cire que l'on y laiffe couler de l'une des deux cuves B, C.

8. Grelloire garnie de toutes fes pieces.

8. n. 2. A, B, rechauds que l'on place aux extrémités de la grelloire, pour y entretenir la fluidité de la cire.

9. Partie du chaffis du bâti de charpente, qui fert de table pour y arranger les planches à pains.

Voyez les art. *Cire* & *Cirier.*

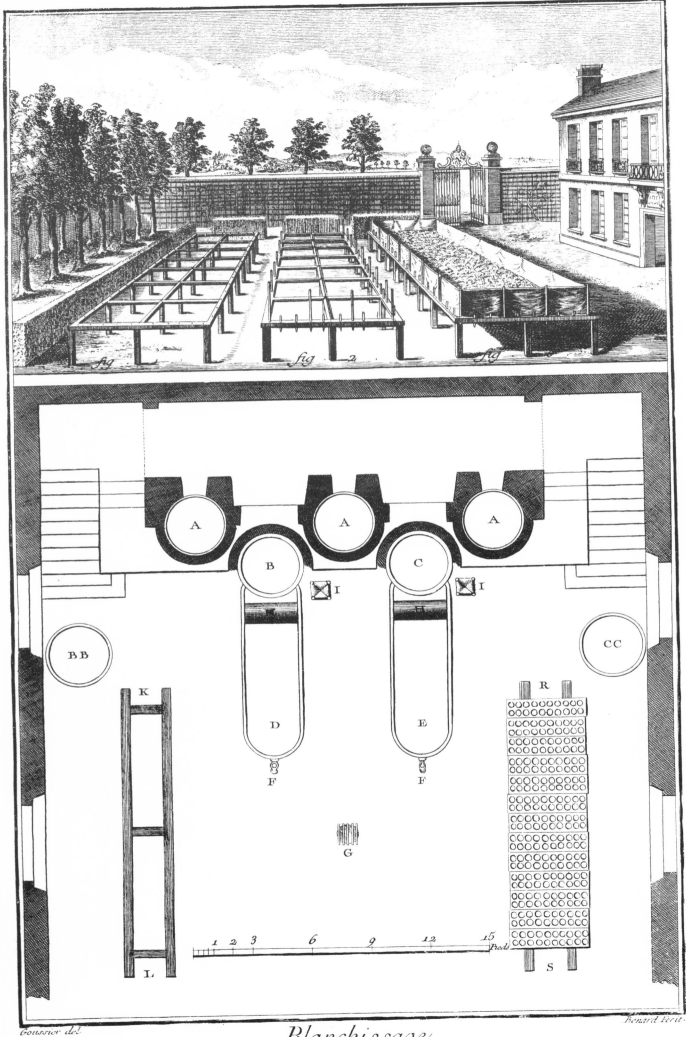

Pl. I.

fig. 1   fig. 2   fig. 3

A   A   A

B   C

I   I

BB   CC

K   R

D   E

F   F

G

L   S

1 2 3   6   9   12   15 Pieds

Goussier del.   Benard Fecit.

Blanchissage,
des Cires.

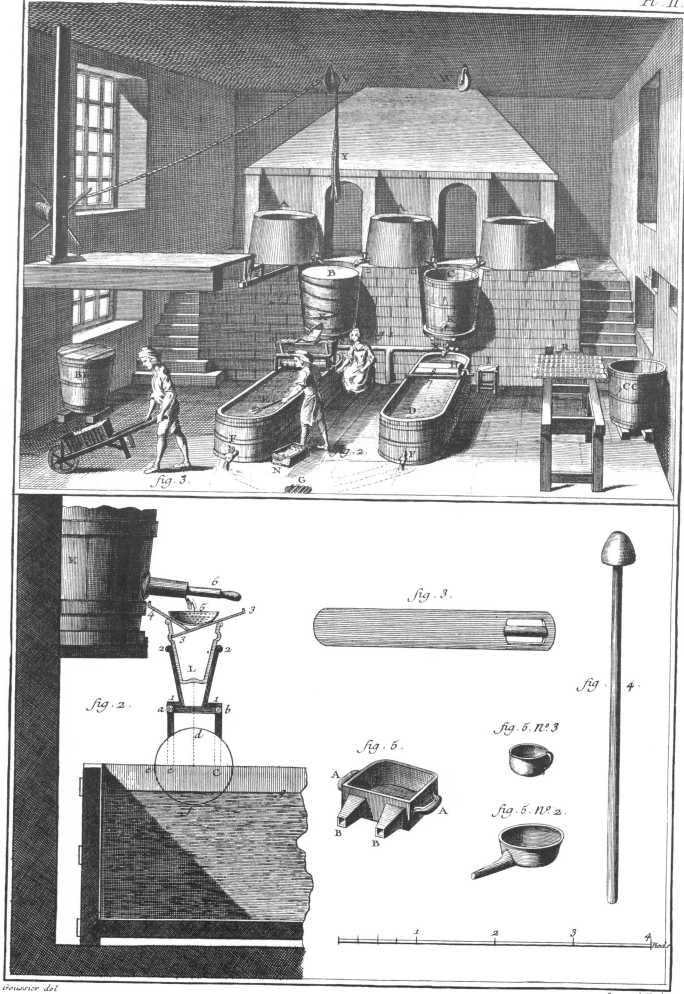

Pl. II.

Blanchissage

des Cires.

Goussier del.

Benard Fecit.

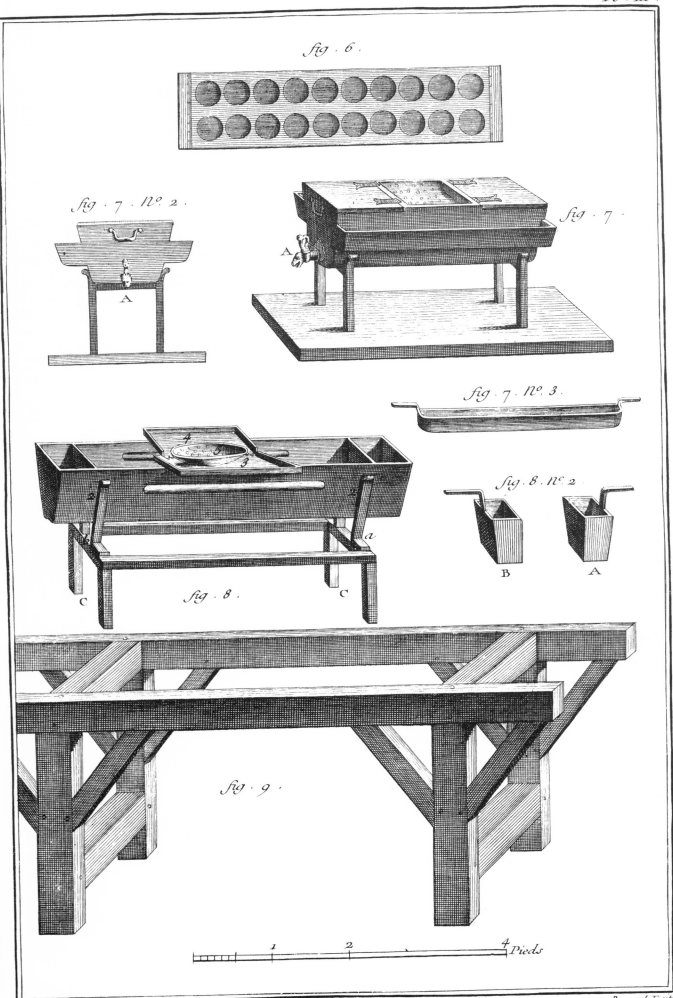

Pl. III.

fig. 6.

fig. 7. N.º 2.

fig. 7.

A

fig. 7. N.º 3.

fig. 8. N.º 2.

4

3

a

B

A

C

fig. 8.

C

fig. 9.

1   2   4 Pieds

Goussier del.

Benard fecit.

Blanchissage

des Cires.

ART DE FAIRE LA COLLE-FORTE,

CONTENANT une Planche double équivalente à deux.

FIGURE 1. Civiere.
2. A, B, C, cages à jour pour laver les cuirs.
3. Bouloirs, de deux sortes.
4. Barateau ; sorte de rateau à longues dents.
5. Presse pour les cuirs.
6. Chaudiere de cuivre montée sur un fourneau de maçonnerie.
Fig. 7. Grande cuiller de cuivre rouge.
8. Auges ou boîtes de bois.
9. Cuve où la colle se clarifie par précipitation.
10. Moule ou calibre.
11. Espece de scie.

12. Ouvrier qui coupe la colle en tranches ou feuillets.
Fig. 13. Ouvrier qui met les feuillets de colle à sécher sur des filets.
14. Feuillets de colle enfilés dans une ficelle pour la pendre dans les magasins.
15. Cage ou dentier où l'on met les parallélipipedes de colle au sortir de l'auge, pour les couper en feuilles minces & transparentes avec l'espece de scie, *fig.* 11.
Fig. 16. Sécherie.

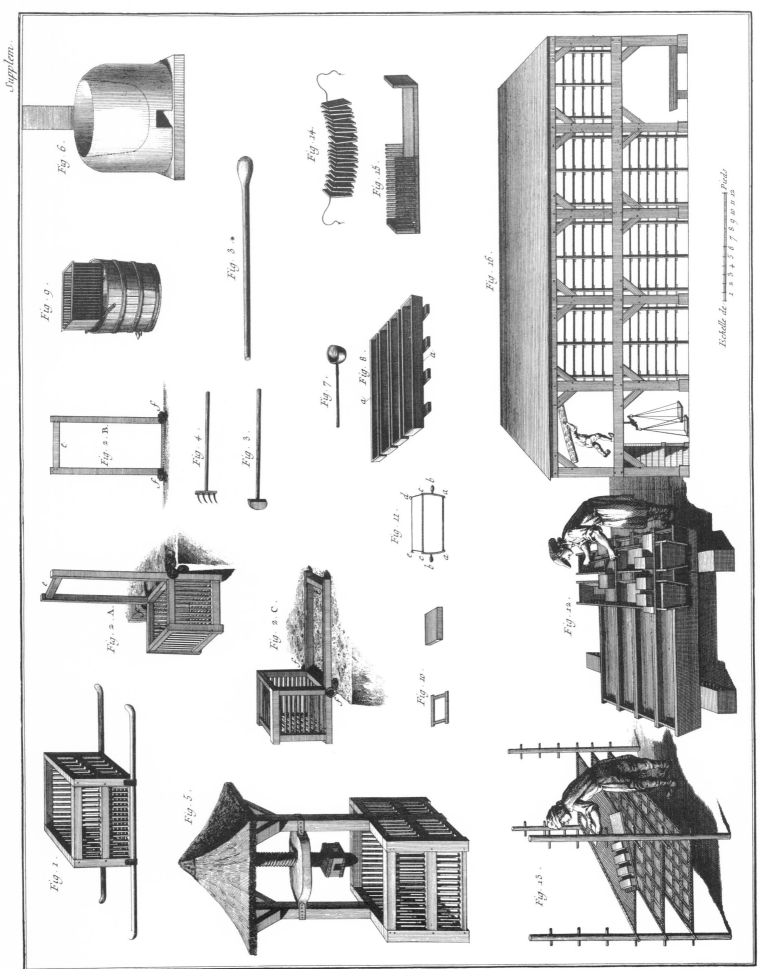

Fig. 6.

Fig. 9.

Fig. 3. *

Fig. 14.

Fig. 15.

Fig. 16.

Echelle de 1 2 3 4 5 6 7 8 9 10 11 12 Pieds.

Fig. 2. B.

Fig. 4.

Fig. 3.

Fig. 7.

a. Fig. 8.
a

Fig. 2. A.

Fig. 2. C.

Fig. 11. d c b a

Fig. 10.

Fig. 12.

Fig. 1.

Fig. 5.

Fig. 13.

Colle Forte.

CONFISEUR,

CONTENANT CINQ PLANCHES.

PLANCHE Iere

LA vignette repréfente l'intérieur d'un premier labo-ratoire au rez-de-chauffée, où l'on voit un four-neau triple placé fous une hotte de cheminée ; à côté de ce fourneau, un refervoir double de plomb, & fur le pourtour, un grand nombre de tables & de tablettes contre les murs.

Fig. 1. Ouvrier qui avec fa fourchette charge des fruits candis fur les grilles du moule à candi. *Voyez* les articles ORANGE & SUCRE.

2. Ouvrier qui travaille au fourneau à praliner en blanc ou en rouge. *Voyez* l'article PRALINER & SUCRE.

Bas de la Planche.

1. Egoutoire. Cet uftenfile d'office eft de cuivre rou-ge, de grandeur d'un grand plat, & percé com-me une écumoire.

Il faudroit bannir le cuivre de tous les arts où l'on traite des fubftances acides, ou qui tendent à l'acidi-té, en féjournant dans les vaiffeaux, comme le lait. J'ai ouï dire que les caffetiers empêchoient leur lait de tourner en été, en le tenant dans le cuivre. L'acide agit fur les parois du vaiffeau, forme avec le cuivre un fel neutre, & le refte de la maffe du lait fe conferve non tournée ; mais cette précaution n'eft pas moins perni-cieufe que celle des marchands de vin, qui ramaffent les égoutures de leur vin fur des comptoirs doublés de plomb, dont la diffolution les litargirife & empoi-fonne.

2. Ecumoire. Elle eft auffi de cuivre.

3. Spatule.

4. Spatule quarrée.

5. Grilles du moule à candi. Il y en a de différentes grandeurs. Elles font faites de fil de laiton ; il vau-droit mieux qu'elles fuffent de tout autre métal , excepté de plomb. Les grandes fervent pour le tirage ; on y met les fruits pour les égoutter de l'ex-cès de fucre. Les petites fe placent les unes fur les autres dans leur moule ; les fruits à candir font entre deux. Les grilles empêchent qu'ils ne s'atta-chent en candiffant.

6. Moule à candi. *Voyez* l'article MOULE & SUCRE CANDI.

7. Chauffe à filtrer & clarifier. Cette opération fe fait dans la vignette, derriere la figure 1.

8. Chaffis. C'eft un cadre de bois qui porte à chaque angle un crochet de fer. On y attache une étami-ne ; on pofe le cadre fur un vaiffeau qui reçoit la liqueur clarifiée à-travers l'étamine.

9. Poîle de cuivre à différens ufages.

10. Chevrette ou fupport de la poîle, *fig.* 9. Par ce moyen la poîle affez éloignée du fourneau, laiffe à l'air un accès plus libre.

11, 12, 13. Fourneau triple. On le voit à la partie 11 garni de la chevrette ; à la partie 12 , fans che-vrette ; & à la partie 13, fa partie antérieure abat-tue, pour montrer la grille & le cendrier.

PLANCHE II.

La vignette repréfente l'intérieur d'un fecond labo-ratoire, fitué auffi au rez-de-chauffée. La partie de ce laboratoire, *fig.* 1. eft un four ; & la partie formée par un retranchement, *fig.* 2. eft une étuve.

Fig. 1. Four muré. On l'appelle *muré*, pour le diftin-guer du four à boulanger. *Voyez* l'article FOUR A BOULANGER.

2. Etuve. C'eft un cabinet muré, garni de barreaux de

diftance en diftance, pour que la chaleur que l'on y entretient par un poîle, fe répande également par-tout.

Bas de la Planche.

Fig. 1. Manne d'ofier, qui fe place dans l'étuve fur les barreaux, & qui contient les fubftances à étuver.

2. Clayon ; il eft d'ofier. Il fert à ramaffer les confitu-res, lorfqu'on dégarnit les fervices ; à porter des fleurs ; à foutenir des fruits ou autres chofes dans l'étuve.

3. Tamis.

4. Gaufrier, ou fer entre lequel on fait cuire les pâtes appellées *gaufres*. Il s'ouvre & fe ferme par le moyen de fes branches & de fon clou. Il fe tient fermé, quand on en expofe alternativement les deux plaques fur le feu, par le moyen de l'anneau qui eft à l'extrémité d'une des branches, & qui reçoit l'extrémité pointue de l'autre branche ; la gaufre fe cuit à petit feu. Quand elle a pris une couleur dorée, on leve le fer, on l'ouvre, on dé-tache avec un couteau la pâte brûlée qui tient aux bords du fer ; on enleve la gaufre qu'on laiffe plate, ou qu'on roule en cornet ou d'une autre maniere. Ce mets fe fait avec la farine, le fucre, un peu de rapure de citron, des jaunes d'œufs, le fel, & le beurre ; on fait du tout une pâte li-quide. On graiffe le fer avec du beurre, avant que d'y verfer de cette pâte. La proportion des ingré-diens eft d'une livre de farine, d'une demi-livre de fucre, de fix jaunes d'œufs, d'un quarteron de beurre, & le refte felon le goût du cuifinier & la nature de cette pâtifferie. Il y a des gaufres grof-fieres, des gaufres fines, des gaufres au chocolat. Aux gaufres fines on ajoute la crême & le vin d'Ef-pagne ; aux gaufres au chocolat on met du cho-colat rapé ; aux gaufres à l'allemande on fait en-trer un peu d'épice mêlée de canelle, de gérofle & de mufcade. Les Flamands font des gaufres avec la levure de la bierre, qui fert à faire lever la pâte qu'on expofe quelques heures dans l'étuve ; du refte la pâte differe peu des autres gaufres. Seule-ment aux leurs ils font entrer les blancs d'œufs fouettés.

5. Gaufrier à la flamande. Il y a une des deux plaques creufée & gravée ; elle reçoit l'autre & l'enferme par un rebord. La gaufre eft imprimée de la figure de la plaque gravée.

6. Moule à bifcuits. Le bifcuit eft une pâte faite de fucre, de farine & d'œufs. Les moules font de papier. *Voyez* l'article BISCUIT.

7. Four de campagne ; il eft de taule. C'eft une efpece de tourtiere qui s'échauffe par-deffus & par-def-fous.

8. Sarbotiere. C'eft un vafe d'étain ou de fer-blanc, où l'on fait prendre en neige les liqueurs à fervir en gobelets, ou à faire des fruits glacés. La farbo-tiere a, comme on voit, fon baquet, & ce baquet a un trou avec une cheville pour le vuider d'eau. La diftance de la farbotiere au baquet en dedans eft de quatre doigts. *Voyez* l'art. NEIGE & GLACE.

9. Cave. Cet uftenfile d'office eft de cuivre ou de fer-blanc, ou de taule ; il a la forme d'une braifiere. On entoure fon couvercle de glace pilée ; on dé-pofe dans fa capacité qu'on voit, les fruits glacés ; au fortir de la glace, en attendant le fervice, on les y tient féparés par des papiers placés deffus & deffous, & des feuilles de vigne.

10. Couvercle de la cave.

PLANCHE III.

La vignette montre un troisieme laboratoire où l'on fait la dragée lisse & la dragée perlée.

Fig. 1. Ouvrier qui fait tourner la dragée dans la baffine branlante pour la liffer. Sous la baffine eft la braifiere foutenue par un baquet. A côté de l'ouvrier eft une poîle qui contient du fucre liquide & propre à l'ouvrage.

2. Ouvrier qui fait de la dragée perlée. On voit au-deffus de fa baffine branlante, le perloir fufpendu à une corde. C'eft du perloir que dégoute le fucre cuit ou perlé.

3. Ouvrier qui fait de la dragée au tonneau.

Les dragées font liffées ou perlées. Pour les faire, il faut avoir deux cuiffons de fucre différentes, l'une au liffé, l'autre au perlé, une grande poîle de cuivre rouge, plate par le fond, avec des anfés pour la manier, & des chaînes pour la fufpendre, comme on voit; des amandes, des anis, de la coriandre, des piftaches, de la canelle, des chairs d'oranges confites, de l'épinevinette, de la graine de céleri, des paftilles de toutes fortes, &c. felon l'efpece de dragées que l'on veut faire. On nettoye les amandes & graines femblables, & on les met dans la baffine branlante. On les mene ou agite un peu pour les fécher; on a de la gomme arabique fondue avec de l'eau fur le feu, & mêlée à partie égale de fuc clarifié & liffé; on en donne une couche aux amandes où graines ou fruits; on mene la baffine; on donne une couche de fucre fans gomme, & ainfi alternativement jufqu'à huit à dix couches; il faut bien laiffer fécher chaque couche. Cela fait, ôtez l'amande de la poîle, lavez-la, effuyez-la; bien féchée, remettez-la dans la baffine, chargez-la de couches de fucre, & menez-la doucement d'abord, enfuite fortement pour la liffer. Quand elle aura la groffeur & le liffé convenables, ôtez-la de la baffine, portez-la à l'étuve, enfuite l'enfermez dans des boîtes de carton, & la tenez en lieu fec.

On pourroit achever de la liffer dans la poîle, fur le tonneau, à la main, en mettant, au lieu de fucre, de l'eau de fleur d'orange, & donnant feulement deux couches.

Si vous voulez faire de l'anis, vous en ferez fécher la graine deux jours à l'étuve; vous la froterez enfuite fur un tamis, pour en féparer la pouffiere; enfuite vous la mettrez dans la poîle fur le tonneau, avec un feu modéré deffous; vous la chargerez d'une couche de fucre à liffé, remuant fans-ceffe avec les mains. Quand cette dragée fera feche, ce que vous connoîtrez à la poudre fine qui s'attachera au dos de votre main, vous la pafferez au tamis, pour avoir de l'anis de différentes groffeurs.

Le fénouil fe fait de même.

La coriandre, après les préparations fufdites, fe met dans la baffine branlante, & fe charge, comme les amandes, alternativement de fucre gommé & de fucre cuit au perlé. Le fucre à perlé eft dans le perloir, dont le goulot a environ d'ouverture le diametre d'une lentille.

Les piftaches fe travaillent comme les amandes.

Brifez la canelle de la longueur de deux travers de doigts; faites-la tremper une heure dans l'eau bouillante, ne changez jamais d'eau. Enfuite coupez-la au couteau par petites portions minces; faites-la fécher fur un tamis pendant deux jours; puis travaillez-la dans la branlante avec le perloir & le fucre à perlé. Quand elle fera chargée à moitié, laiffez-la repofer & fécher fur un petit feu jufqu'au lendemain. Achevez enfuite.

Pour l'orange au perlé il faut avoir des chairs d'oranges confites & tirées au fec, les couper par lardons, & les traiter à la branlante & au perloir, comme le canelas.

Faites fécher l'épinevinette à l'étuve quinze jours; enfuite travaillez-la à la branlante, comme l'amande, avec le fucre gommé & à liffé alternativement. A moitié chargée, faites-la fécher à l'étuve, enfuite achevez-la au tonneau.

Prenez telle efpece de paftille qu'il vous plaira, bien feche; mettez-la dans la branlante; employez le fucre à liffé. A demi chargée, portez-la à l'étuve, enfuite achevez au tonneau.

La nompareille ou la graine de céleri fe travaille comme l'anis. On la colore avec les couleurs du paftillage délayées dans de l'eau, & qu'on lui donne à la main, comme une charge de fucre. *Voyez* l'article PASTILLAGE.

Bas de la Planche.

Fig. 1. Baffine branlante, avec fes chaînes, vûe du côté de l'ouvrier, & de l'anfe à mener.

2. Braifiere.

3. Tonneau ou fupport de la braifiere.

4. Perloir. C'eft un entonnoir de fer-blanc, dont le trou fort petit laiffe filer le fucre doucement fur les dragées à perler. On le voit ici garni de toutes fes pieces.

5. Broche du perloir, que l'on enfonce plus ou moins, pour modérer à difcrétion la vîteffe de la chûte & de l'écoulement du fucre à perlé.

6. Anneau & corde torfe qui tiennent en place la broche du perloir.

7. Perloir vû par dedans.

8. Affortiffoir ou crible, pour les dragées rondes.

9. Crible ou affortiffoir, pour les dragées longues.

PLANCHE IV.

La vignette repréfente l'intérieur d'un quatrieme laboratoire, où différens ouvriers font occupés aux opérations du paftillage.

Fig. 1. Ouvrier qui pile dans un mortier de marbre la gomme adragante.

2. Ouvrier qui découpe des fleurs dans une abaiffe de paftillage qu'il a formée au moyen d'un rouleau, fur le marbre placé devant lui.

3. Ouvrier qui affemble les feuilles d'une fleur. La boîte qui eft à côté de lui, contient des pâtes de différentes couleurs.

4. Ouvrier qui moule l'anfe d'un vafe de paftillage.

Le paftillage eft une pâte de fucre, qui fe prépare comme on dira à l'article PASTILLAGE, dont on fait toutes fortes de repréfentations & d'ornemens, & qui employé fe feche à l'étuve. Les Italiens appellent *pafteca*, pafteque, ce que nous nommons *paftillage*.

Bas de la Planche.

Fig. 1, 2, 3. Couteaux d'office.

1. Couteau à tourner.

2. Couteau à bâtonnage.

3. Couteau à pâte.

Le couteau à tourner a le taillant droit; fa longueur eft de deux pouces. La lame du couteau à pâte eft comme une regle mince des deux côtés. Tourner eft la même chofe que cerner. Le bâtonnage eft une abaiffe de paftillage de l'épaiffeur d'une ligne, coupée en petits bâtons, & féchée à l'étuve fur des feuilles de cuivre faupoudrées d'amidon. Le bâtonnage ne doit être ni gercé ni raboteux. On fera auffi du bâtonnage avec des pâtes de coings, de pommes, d'angélique confite, &c.

4. Découpoir, & fous cet outil fon empreinte; il eft de fer-blanc. Il y en a d'autant de figures que l'on veut. Ses bords font tranchans, ce font des emportes-pieces, ou plûtôt coupes-pâte.

5. Nervoir. Efpece d'eftampoir pour donner aux paftillages les nervures des feuilles.

Les figures fuivantes font de la maniere de faire les fruits glacés, & doivent fe rapporter à la fuite des figures de la Pl. II.

6. Houlette. Elle eft de fer-blanc; elle en a la forme. Elle fert à travailler les neiges dans les farbotieres.

7. Moule d'afperge.

8. Moule de hure de fanglier.

9. Moule de hure de faumon.

10. Moule de grenades.

11. Moule de faumonneau.

12. Moule de cedras.

13. Moule de truffe.
14. Moule de langue fourrée.
15. Moule d'écreviffe.

Voyez fur l'ufage de ces uftenfiles, & fur l'art de glacer & de neiger, les art. GLACE, & fur-tout l'article NEIGE.

PLANCHE V.

La vignette montre l'intérieur d'un cinquieme laboratoire au rez-de-chauffée, comme les autres, où l'on fabrique le chocolat.

Fig. 1. Ouvrier qui brûle ou torréfie du cacao dans une chaudiere de fer, fur un fourneau femblable à celui de la Pl. I.

2. Ouvrier qui vanne les amandes.
3. Ouvrier qui les pile dans un mortier de fer qu'on a échauffé auparavant, & fous lequel l'on tient du feu.
4. Ouvrier qui broye le chocolat fur une pierre dure échauffée, avec un rouleau de fer.

Le chocolat eft une pâte dure, feche, affez pefante, formée en pain ou en rouleau, d'une couleur brune rougeâtre. Pour la faire, il faut avoir du meilleur cacao; le torréfier; féparer des amandes tout ce qui n'eft pas leur chair; les éplucher foigneufement de ce qu'il y a de gâté ou rance; les torréfier derechef; les piler feches dans un mortier chaud, les écrafer, les broyer fur une pierre dure; les mettre en pâte bien douce; ajouter un peu de fucre; & cela s'appellera *le chocolat de fanté*.

L'autre chocolat eft vanillé. Pour le vaniller, on prend quatre livres de chocolat de fanté qu'on remet fur la pierre chaude; on y incorpore au rouleau trois livres de fucre fin; on broye, on ajoute une poudre faite de dix-huit gouffes de vanille, d'une dragme & demie de canelle, de huit clous de gérofle, & deux grains d'ambre-gris, fi l'on veut. Le tout bien & laborieufement mélangé, on le mettra ou en tablettes ou en pains, qu'on fera fécher & durcir à l'étuve fur du papier blanc. Il faut que la pâte foit bien liffe, avant que de la vaniller, & obferver de ne la tenir que très-peu de tems vanillée fur la pierre chaude.

Bas de la Planche.

Fig. 1. Chaudiere à torréfier le cacao.
2. Spatule à remuer le cacao dans la chaudiere.
3. Table à broyer, avec la pierre deffus, & la poîle à feu deffous.
4. Le rouleau avec fes deux poignées de bois.

Les figures fuivantes font relatives à la maniere de glacer les fromages. *Voyez* les articles GLACE & NEIGE.

5. Moule à fromage.
6. Moule du fromage parmefan.
7. Moule du fromage à la Gentilli.

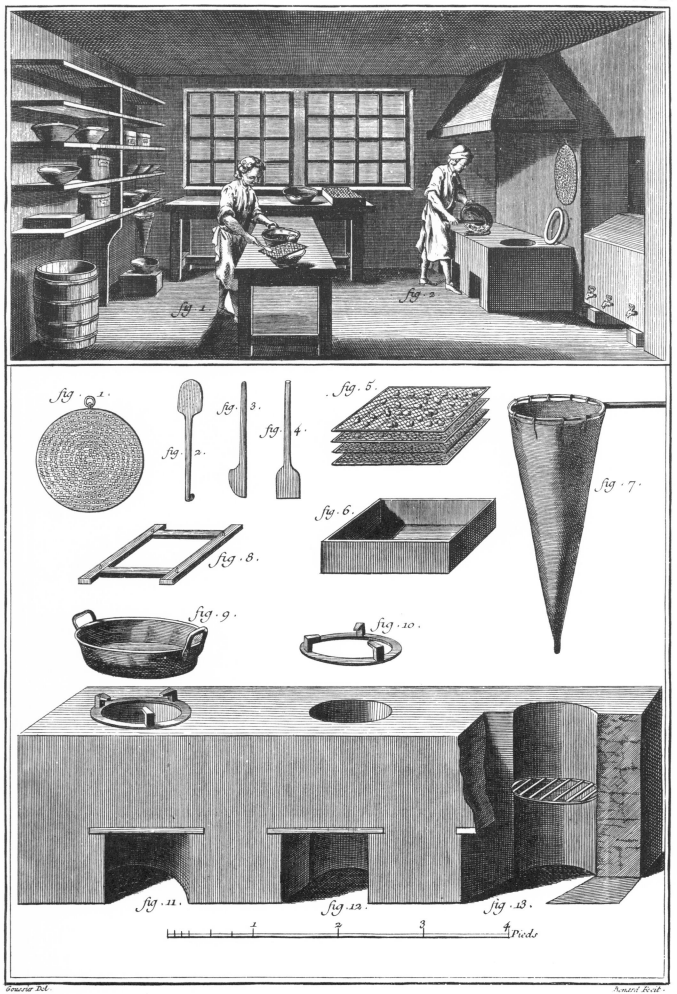

fig . 1 .

fig . 2 .   *fig . 3 .*

fig . 4 .   *fig . 5 .*

fig . 6 .

fig . 7 .

fig . 8 .

fig . 9 .   *fig . 10 .*

fig . 11 .   *fig . 12 .*   *fig . 13 .*

1   2   3   4 *Pieds*

Goussier Del .   Benard Fecit .

Confiseur, Confiture Fourneau .

Pl. II.

fig. 1.

fig. 2.

fig. 1.

fig. 2.

fig. 3.

fig. 4.

fig. 5.

fig. 6.

fig. 8.

fig. 10.

fig. 7.

fig. 9.

1   2   3   4 Pieds.

Confiseur, Etuve Four.

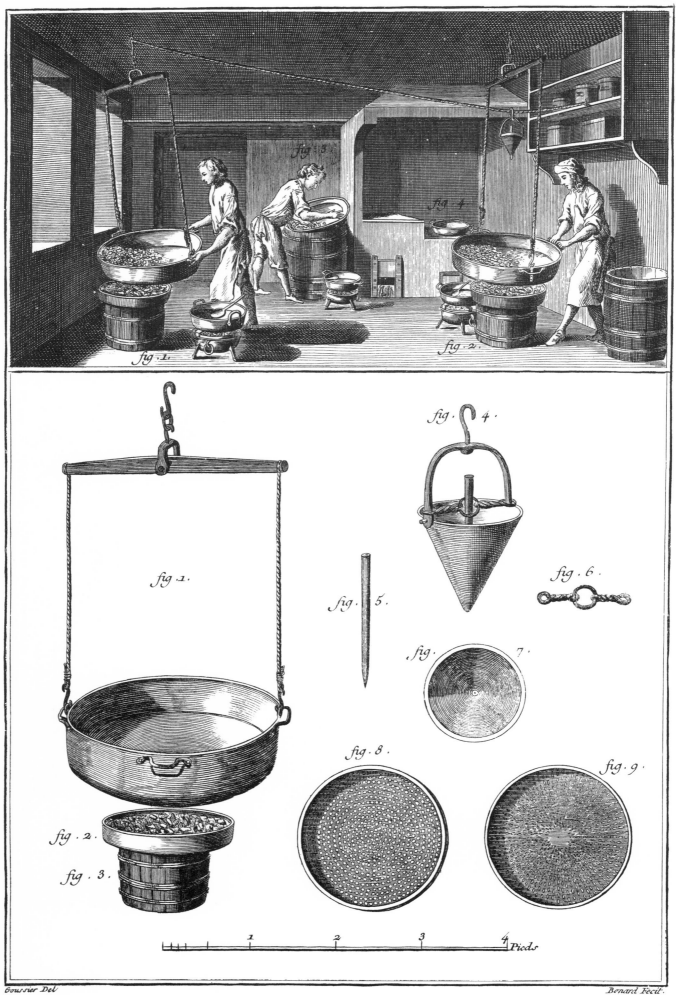

Pl. III.

Confiseur, Fabrique de la Dragée Lisse et Perlée.

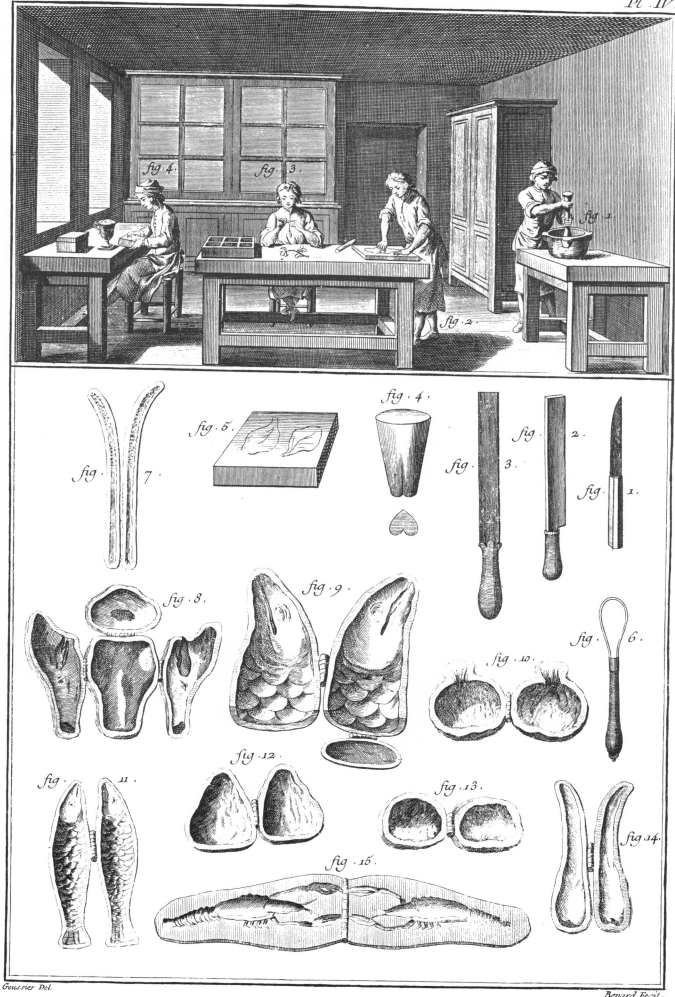

fig. 4.   fig. 3.   fig. 1.   fig. 2.

fig. 7.   fig. 5.   fig. 4.   fig. 3.   fig. 2.   fig. 1.

fig. 8.   fig. 9.   fig. 6.

fig. 10.

fig. 12.   fig. 13.

fig. 11.   fig. 14.

fig. 15.

Goussier Del.   Benard Fecit.

Confiseur, Pastillage et Moulles pour les Glaces.

Pl. V.

fig. 3.

fig. 1.

fig. 2.

fig. 4.

fig. 1.

fig. 6.

fig. 7.

fig. 5.

fig. 4.

fig. 2.

fig. 3.

1   2   3   4 Pieds

Goussier del.

Benard Fecit.

Confiseur, Chocolat et Moules pour les Fromages.

DISTILLATEUR D'EAU-DE-VIE,

CONTENANT UNE PLANCHE.

LA vignette représente l'intérieur d'un attelier.

A B, entrée du fourneau qui est entierement construit de briques, par laquelle on met le bois ; on ferme cette ouverture par la plaque de fer, *fig.* 10.

C D, tourelle de maçonnerie de brique, qui renferme les chaudieres.

E, place où l'ouvrier brûleur peut monter pour regarder dans les chaudieres, les emplir ou ajuster les chapeaux.

a, *b*, le dessus des chaudieres.

c, *d*, les chapiteaux ou chapeaux.

e f, *d e*, queues des chapeaux, qui entrent dans les serpentins.

K, M, tonne, barrique, pique ou réfrigérens dans lesquelles les serpentins sont placés.

L, N, bassiots qui reçoivent l'eau-de-vie par un entonnoir placé au-dessous de l'extrémité inférieure du serpentin.

O, P, faux bassiots ou baquets dans lesquels les bassiots sont placés.

g, *h*, tuyaux venant d'un réservoir placé derriere le mur auquel la cheminée est adossée pour continuellement rafraîchir par de nouvelle eau celle qui environne les serpentins.

F, cheminée commune aux deux fourneaux.

x, *y*, tirettes ou régitres pour gouverner le feu dans les fourneaux.

Fig. 1. Ouvrier qui attise le feu.

2. Ouvrier qui éprouve la liqueur qui est sortie du serpentin.

Bas de la Planche.

3. Les deux tirettes ou régitres.

4. Coupe du chapeau de la chaudiere par un plan qui passe le long de la queue.

5. Coupe de la chaudiere & du fourneau sur lequel elle est montée.

A, Collet de la chaudiere qui reçoit intérieurement le chapeau.

B, oreilles au nombre de trois ou de quatre, par lesquelles la chaudiere est suspendue dans la maçonnerie du fourneau.

C D, tuyau bouché en D par un bondon ou tampon de bois garni de linge, que l'on ouvre pour laisser écouler la liqueur hors de la chaudiere par-derriere le mur auquel le fourneau & la cheminée sont adossés.

6. Bassiot & faux bassiot. Le bassiot est foncé ; le dessus est percé de deux trous, l'un pour recevoir la queue de l'entonnoir, & l'autre que l'on ferme avec un bouchon de liége pour laisser passer la jauge.

7. Serpentin vû séparément.

a b, *c d*, *e f*, les trois montans qui en soutiennent les différens tours.

A, extrémité supérieure qui sort de quelques pouces hors du réfrigérent, pour recevoir l'extrémité de la queue du chapeau.

B, extrémité inférieure du serpentin, par laquelle la liqueur distillée sort pour tomber par un entonnoir dans le bassiot que l'on place au-dessous.

8. Jauge que l'on introduit dans le bassiot, pour connoître la quantité de liqueur qui y est contenue.

9. Prouve ou petite bouteille servant à éprouver l'eau-de-vie.

10. Porte ou trappe de fer pour fermer l'ouverture du fourneau. *Voyez* l'art. *Eau-de-vie.*

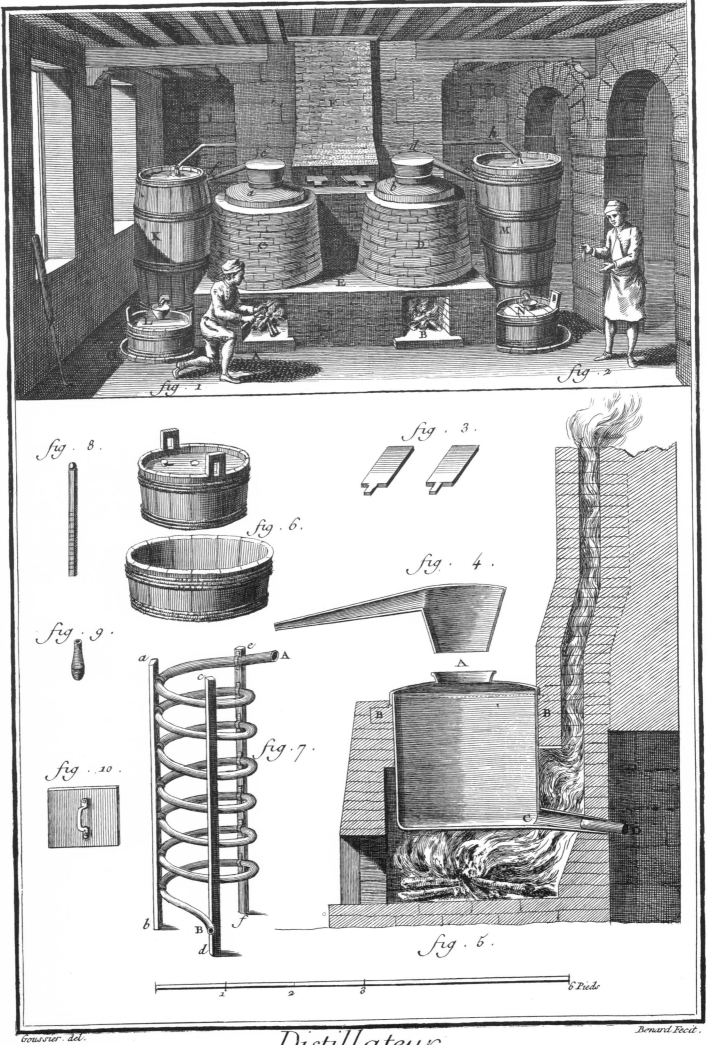

fig. 1

fig. 2

fig. 3

fig. 8

fig. 6

fig. 4

fig. 9

fig. 7

fig. 10

fig. 5

6 Pieds

Goussier del.

Benard Fecit.

Distillateur
d'Eau-de-Vie.

DOREUR,

CONTENANT TROIS PLANCHES.

PLANCHE Iere.

Doreur sur métaux.

LA vignette ou le haut de la Planche montre l'atte-lier d'un doreur sur métaux.

Fig. 1. Ouvrier qui fait recuire.
2. Baquets à dérocher.
3. Pierre à broyer.
4. Ouvrier qui avive.
5. Ouvrier qui charge.
6. Gratte-boſſe.
7. Ouvrier qui met en couleur.
8. Ouvrier qui brunit.
9. Ouvrier qui fait bleuir.

Bas de la Planche.

Fig. 1. Bruniſſoir à deux bouts.
2. Mandrin pour toutes les pieces de la garde d'une épée.
  a, mandrin.
  b, coin du mandrin.
3. Mandrin avec une coquille de garde d'épée.
4. Mandrin avec une branche de garde d'épée.
  a, mandrin.
  b, coin du mandrin.
5. Mandrin avec une poignée d'épée.
6. Mandrin avec le pommeau d'une épée.
7. Plumet.
8. Broſſe à manche.
9. Broſſe.
10. Gratte-boſſe.
11. Gratte-boſſe emmanchée.
12. Vergettes de fil de fer.
13. Grattoir à bec de corbin.
14. Grattoir à deux pointes.
15. Grattoir à manche.
16. Grattoir pointu.
17. Grattoir courbe.
18. Rifloir droit.
19. Rifloir courbe.
20. Bouteille à l'eau-forte.
21 & 22. Catiſſoir ou couteau à nettoyer les pieces.
23. Pierre-ponce broyée.
24. Pierre-ponce en morceau.
25. Lange.
26. Pierre à huile.
27. Poîle à chauffer les pieces.

PLANCHE II.

Fig. 1. Marteau à monter & démonter les pieces.
2. Bruniſſoir droit.
3. Bruniſſoir courbe.
4. Pierre ſanguine à manche courbe.
5. Pierre ſanguine à manche droit.
6. Tourne-vis.
7. Cuir à affuter les pierres ſanguines.
8. Avivoir.
9. Grattoir pointu, différent de celui de la Pl. I.
10. Grattoir courbe, autre que celui de la Pl. I.
11. Tenaille à main.
12. Autre tenaille à main.
13. Pot à l'amalgame.
14. Tarau.
15. Filiere.
16. Dent de loup.
17. Petit bruniſſoir.
18. Petite ſanguine.
19. n. 1. Couteau à l'or.
19. n. 2. Autre couteau à l'or.

20. Couffin ou couſſinet.
21. Alezoir.
22. Ecariſſoir.
23. Tenaille.
24. Pince plate.
25. Autre pince plate.
26. Pince ronde.
27. Autre pince ronde.
28. Etau à chanfrein.
29. Etau à main.
30. Etau à clou.
31. n. 1. Bruxelles.
31. n. 2. Bruxelles.
32. Mandrin à polir les clous.
33. Rondelle.
34. Clé de vis.
35. Etau à bec de canne.
36. Etau à boucle.
37. Gouge.
38. Bruniſſoir.
39. Gougette.
40. Tier-point ou tourne-vis.
41. Fraiſoir.
42. Chaſſe-pointe.
43. n. 1. Archet.
43. n. 2. Palette.
44. Grand étau.
45. *a b*, morceau de bois à tenir les ouvrages dans l'étau.

PLANCHE III.

Doreur ſur bois.

La vignette ou le haut de la Planche montre l'atte-lier du doreur.

Fig. 1. Ouvrier qui vermillonne.
2. Ouvrier qui répare.
3. Ouvrier qui dore au chevalet.
4. Ouvrier qui adoucit.
5. Ouvrier qui blanchit.
6. Ouvrier qui ponce.

Bas de la Planche.

Fig. 1. Rouleau à écraſer le blanc.
2. Planche à écraſer le blanc.
3. Gouge à réparer.
4. Autre gouge à réparer.
5. Crochets ou fers à réparer.
  a, fer demi-rond.
  b, fer pointu.
6. Sanguine.
7. Couteau à l'or.
8. Palette avec pinceau.
  a, la palette.
  b, le pinceau.
9. Pierre-ponce.
10. Eponge.
11. Banc du chevalet.
12. Le chevalet.
13. Couſſinet.
14. Autre couteau à couper l'or.
15. Pinceau à ſabler.
16. Broſſe à blanchir.
17. Petite broſſe à blanchir.
18 & 19. Pinceaux à vermillon.
  a, le grand.
  b, un petit.
20. Etabli. *a*, le valet.
21. Baquet au blanc.

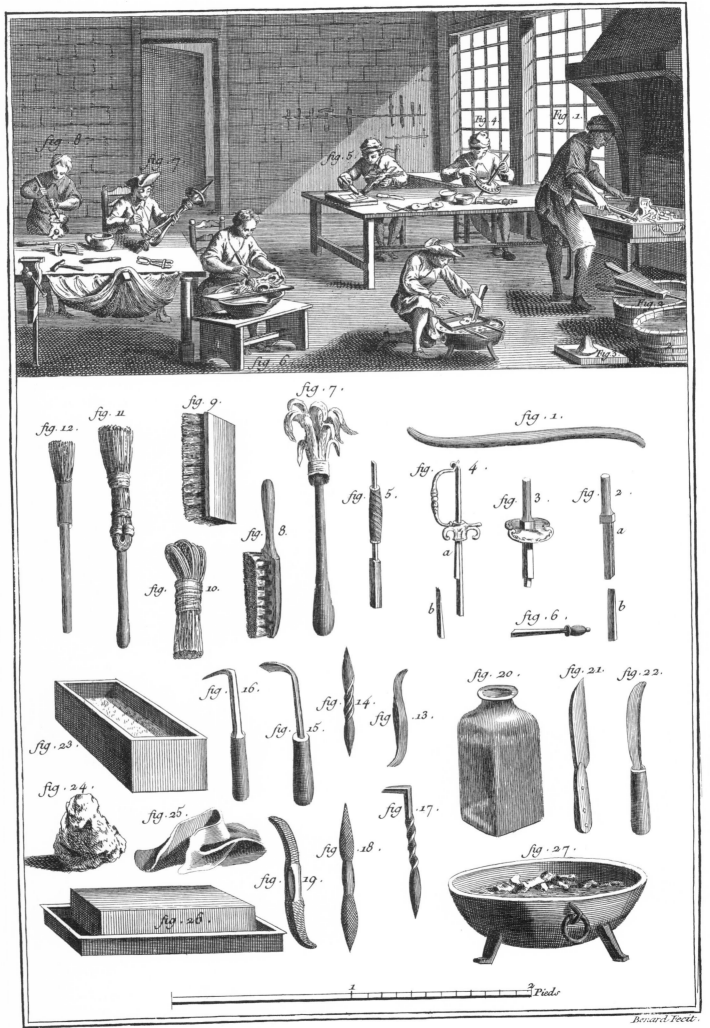

Pl. I.

Doreur, Sur Métaux.

Benard Fecit.

Pl. II.

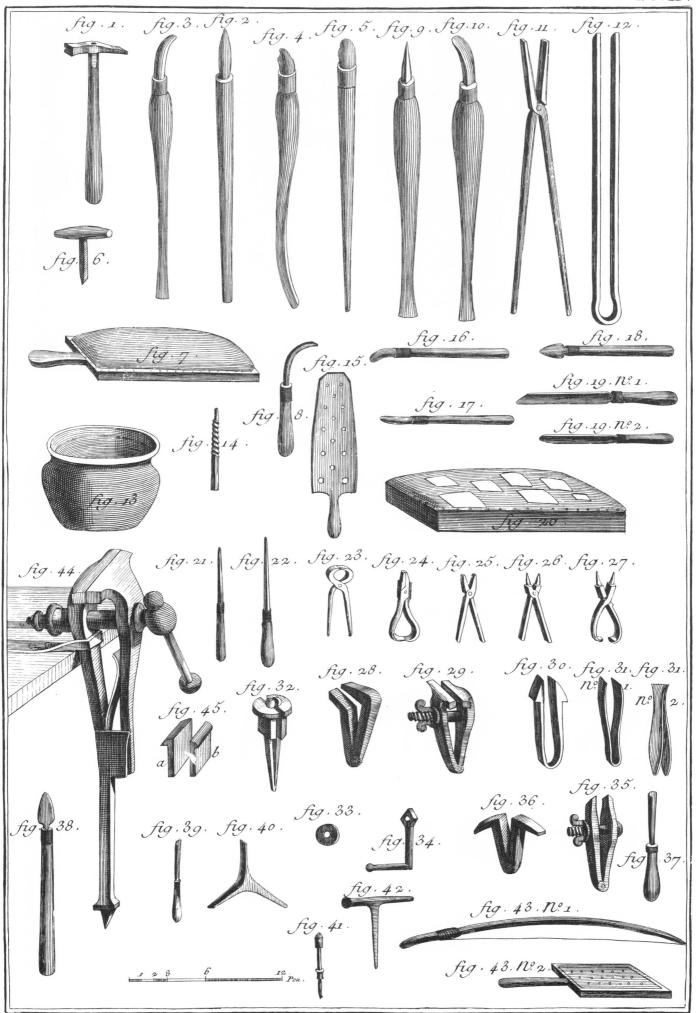

fig. 1. *fig. 3.* *fig. 2.* *fig. 4.* *fig. 5.* *fig. 9.* *fig. 10.* *fig. 11.* *fig. 12.*

fig. 6.

fig. 7. *fig. 16.* *fig. 18.*

fig. 15. *fig. 19. Nᵒ 1.*

fig. 8. *fig. 17.* *fig. 19. Nᵒ 2.*

fig. 14.

fig. 13. *fig. 20.*

fig. 44. *fig. 21.* *fig. 22.* *fig. 23.* *fig. 24.* *fig. 25.* *fig. 26.* *fig. 27.*

fig. 32. *fig. 28.* *fig. 29.* *fig. 30.* *fig. 31. Nᵒ 1.* *fig. 31. Nᵒ 2.*

fig. 45.

a *b*

fig. 35.

fig. 38. *fig. 33.* *fig. 36.*

fig. 39. *fig. 40.* *fig. 34.* *fig. 37.*

fig. 42.

fig. 41. *fig. 43. Nᵒ 1.*

1 2 3 6 12 Pou.

fig. 43. Nᵒ 2.

Benard Fecit.

Doreur, Sur Métaux.

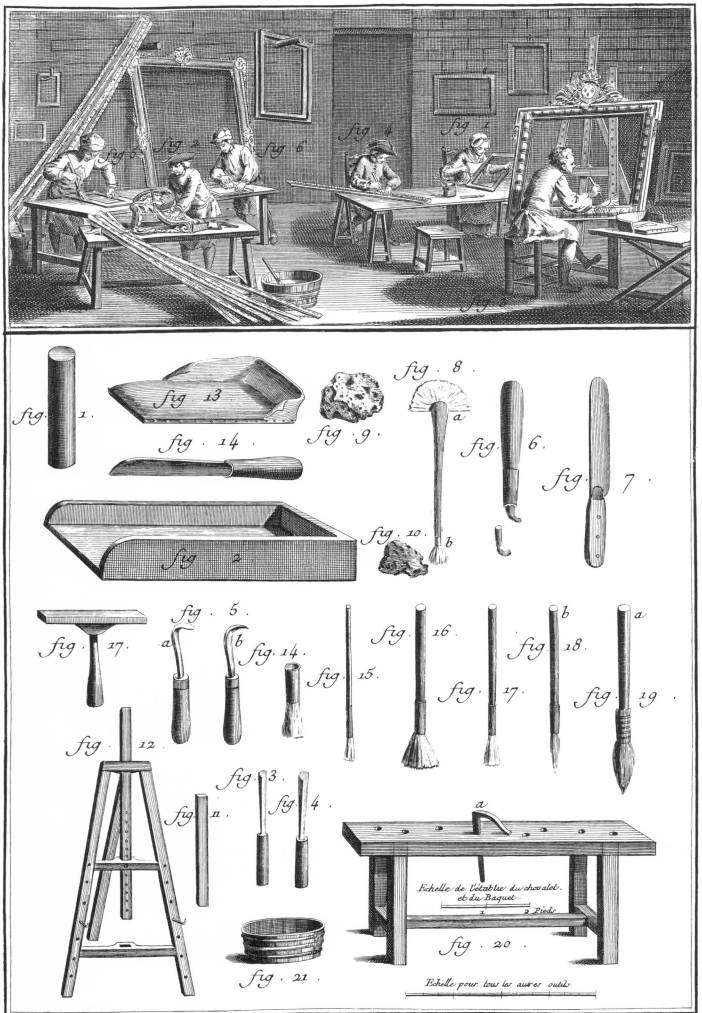

Pl. III.

fig. 5. fig. 2. fig. 6. fig. 4. fig. 1.

fig. 3.

fig. 1. fig. 13. fig. 9. fig. 8.

a

fig. 14. fig. 6.

fig. 7.

fig. 2. fig. 10.

b

fig. 17. fig. 5. fig. 16. b a

a b fig. 14. fig. 18.

fig. 12. fig. 15. fig. 17. fig. 19.

a

fig. 3.

fig. 11. fig. 4.

Echelle de l'établie du chevalet
et du Baquet.

1 2 Pieds.

fig. 20.

fig. 21.

Echelle pour tous les autres outils.

Benard Fecit.

Doreur, Sur Bois.

EMAILLEUR A LA LAMPE, ET PEINTURE EN EMAIL.

CONTENANT QUATRE PLANCHES.

PLANCHE Iere.

LA vignette représente l'intérieur d'une arriere-boutique ou d'un cabinet, dont tous les jours sont fermés par des rideaux, afin que l'émailleur puisse mieux voir la flamme de sa lampe. L'émailleur tient de la main gauche une piece d'ouvrage, montée au bout d'un chalumeau, dans la flamme de la lampe.

Bas de la Planche.

Fig. 1. Couteau d'acier dont se sert l'émailleur pour trancher les pieces d'émail & les séparer du tube qui a servi à les souffler.
2. Plan de la lampe de l'émailleur placée dans sa cuvette.
3. n. 1. Élévation perspective de la lampe, séparée de sa cuvette.
3. n. 2. Gouttiere placée dans la lampe, le long de laquelle la meche est couchée.
4. Cuvette de la lampe de l'émailleur.
5. Lampe de l'émailleur en perspective, & placée dans sa cuvette, avec le chalumeau qui lance obliquement la flamme.

PLANCHE II.

La vignette représente l'intérieur d'une chambre obscure, où plusieurs ouvriers travaillent à la lampe.
Fig. 1. L'émailleur qui tient la girasolle pour la réduire en plus petits tubes, & en faire ensuite des perles.
2. Émailleur qui souffle la girasolle.
3. Ouvriere qui borde la perle du côté qu'elle a été séparée du tube.
4. Ouvrier qui fait du fil de verre.
5. Ouvriere qui tourne le rouet, sur lequel le fil se dévide.

Bas de la Planche.

6. Table de l'émailleur, vue par-dessous pour montrer les rainures ou porte-vents qui distribuent le vent du soufflet aux quatre lampes.
7. Table d'émailleur en perspective, vue du côté de la marche ou pédale qui communique le mouvement au soufflet.
8. Coupe transversale de la table par le milieu de sa longueur.

PLANCHE III.

Continuation du travail des perles fausses.
Vignette.
Fig. 1. Ouvriere qui écaille le poisson nommé *ablette*, dont l'écaille sert à colorer les perles.
2. Ouvriere qui suce avec un chalumeau de verre la liqueur, dans laquelle l'écaille de l'ablette est dissoute.
3. Ouvriere qui introduit en soufflant dans le chalumeau une goutte de cette liqueur dans la girasolle ou perle fausse, qu'elle jette ensuite dans la corbeille qui est placée dans le sasseau qui est sur la table.
4. Ouvriere qui attache les perles sur un bâton ou regle enduite de cire, pour les remplir de cire en les plongeant dans la terrine qui est devant elle.
5. Ouvriere qui cartonne, c'est-à-dire qu'elle introduit un rouleau de papier dans la perle.
6. Ouvriere qui coupe le carton avec un couteau,

Bas de la Planche.

1. Perle ronde.
N. 2. Emailleur.

2. Perle ovale.
3. Bande de papier que l'on coupe suivant la direction des lignes ponctuées, pour former de chaque piece un carton.
4. Carton entierement roulé, prêt à entrer dans une perle.
5. Carton roulé en partie sur une aiguille.
6. Perle ronde, prête à recevoir le carton qui est à côté.
7. Perle ronde, enfilée sur le carton.
8. Perle dont le carton a déjà été coupé d'un côté.
9. Regle sur laquelle les perles sont collées, pour pouvoir les plonger dans la terrine qui contient la cire fondue.
10. Sas ou tamis percé de trous pour assortir les perles.
11. Etabli des fig. 2. & 3. de la vignette, représenté plus en grand, pour que l'on puisse discerner les différentes parties du sasseau ou berceau qui est posé dessus, & auquel l'ouvriere, fig. 3. communique le mouvement par la marche sur laquelle elle pose le pié.

De la peinture en émail.

PLANCHE Iere.

LA vignette représente un cabinet.
Fig. 1. Le peintre occupé à colorer un morceau d'émail.
2. Émailleur qui passe la piece au feu après qu'elle est peinte.

Bas de la Planche.

Fig. 1. Porte du chapiteau du fourneau.
2. Moufle qui se place dans le fourneau, & sous laquelle on fait fondre les émaux, vue du côté de l'ouverture.
3. Élévation latérale extérieure de la moufle.
4. Élévation de la partie extérieure de la moufle.
5. Élévation géométrale du devant du fourneau.
6. Coupe verticale du corps du fourneau & du dôme qui le ferme par un plan passant par le milieu des portes.
7. Coupe verticale du fourneau par un plan parallele à la face que la fig. 5. représente.
8. Plan du rez-de-chaussée du fourneau.
9. Coupe horisontale du fourneau, au niveau de l'âtre.
10. Plan du chapiteau du fourneau.
11. Tôle percée de trous, sur les bords relevés de laquelle on pose les plaques émaillées pour les faire sécher & les passer au feu.
12. Une des boîtes qui contiennent les émaux en poudre.
13. & 14. Deux morceaux de glace qui servent, l'un de molette, & l'autre de pierre à broyer.
15. Pilon d'agate.
16. Mortier qui est aussi d'agate.
17. Fil-de-fer que l'on pose horisontalement en-travers de la chauffrette, & sur lequel on met les plaques pour les faire sécher.
18. Chauffrette : elle n'a rien de particulier.
19. Pain d'émail.
20. Spatule vue en plan & en profil.
21. Chevalet.
22. Pinceaux de différentes grosseurs.
23. Couteau à couleur.
24. Pierre à user l'émail.
25. Releve-moustache, ou pinces pour porter les pieces émaillées dans le fourneau.

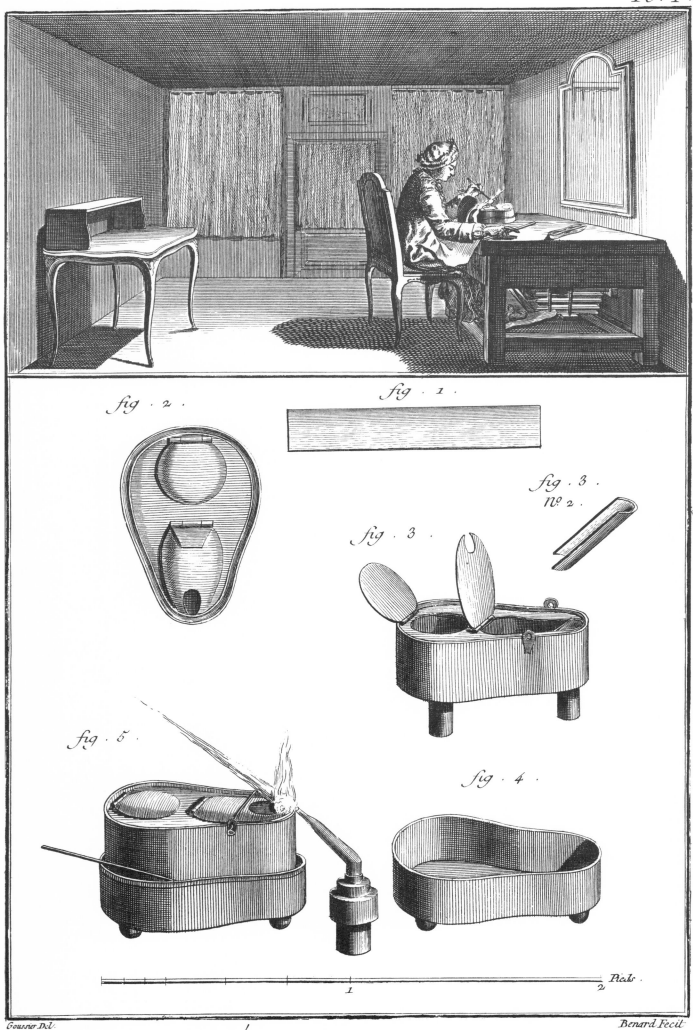

Pl. I.

fig. 2.

fig. 1.

fig. 3.
n.º 2.

fig. 3.

fig. 5.

fig. 4.

Pieds.
1   2

Goussier Del.

Benard Fecit.

Émailleur à la Lampe.

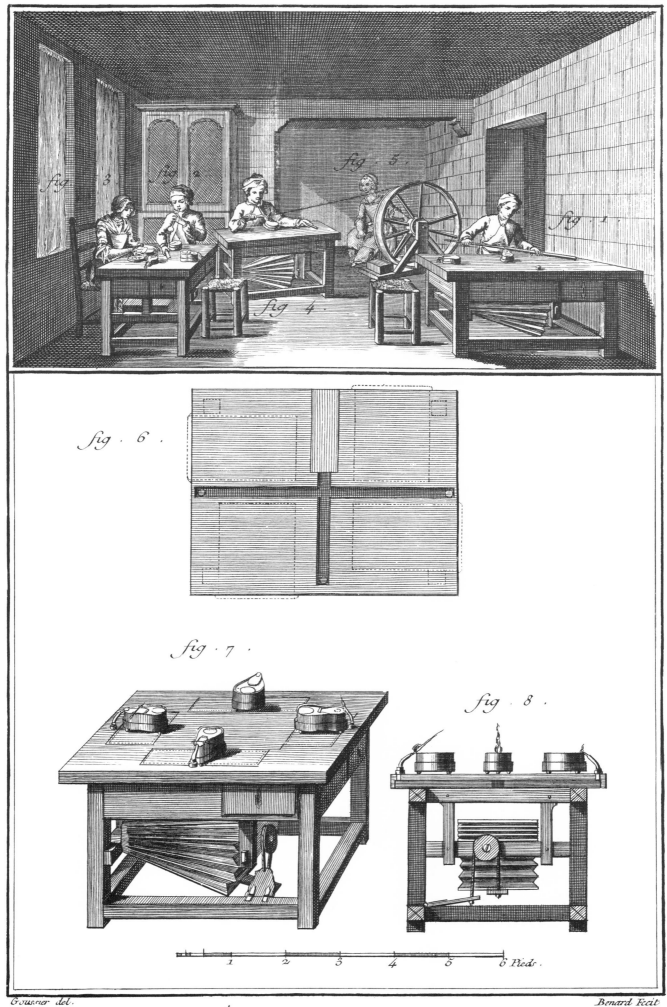

Pl. II.

fig. 3.   fig. 2.   fig. 5.

fig. 1.

fig. 4.

fig. 6.

fig. 7.

fig. 8.

1   2   3   4   5   6 Pieds.

Goussier del.

Benard Fecit.

Émailleur à la Lampe, Perles Fausses.

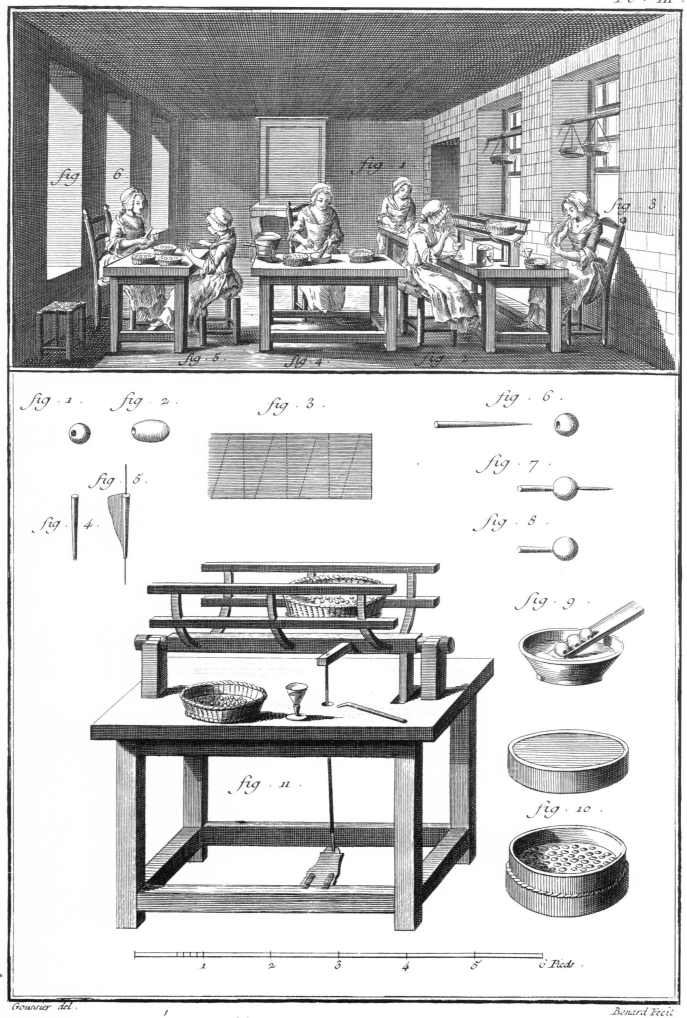

Pl. III.

fig. 6.   fig. 1

fig. 3

fig. 5.   fig. 4   fig. 2

fig. 1.   fig. 2.   fig. 3.   fig. 6.

fig. 7.

fig. 5.

fig. 8.

fig. 4.

fig. 9.

fig. 11.

fig. 10.

1   2   3   4   5   6 Pieds.

Goussier del.   Benard Fecit.

Émailleur à la Lampe, Perles Fausses.

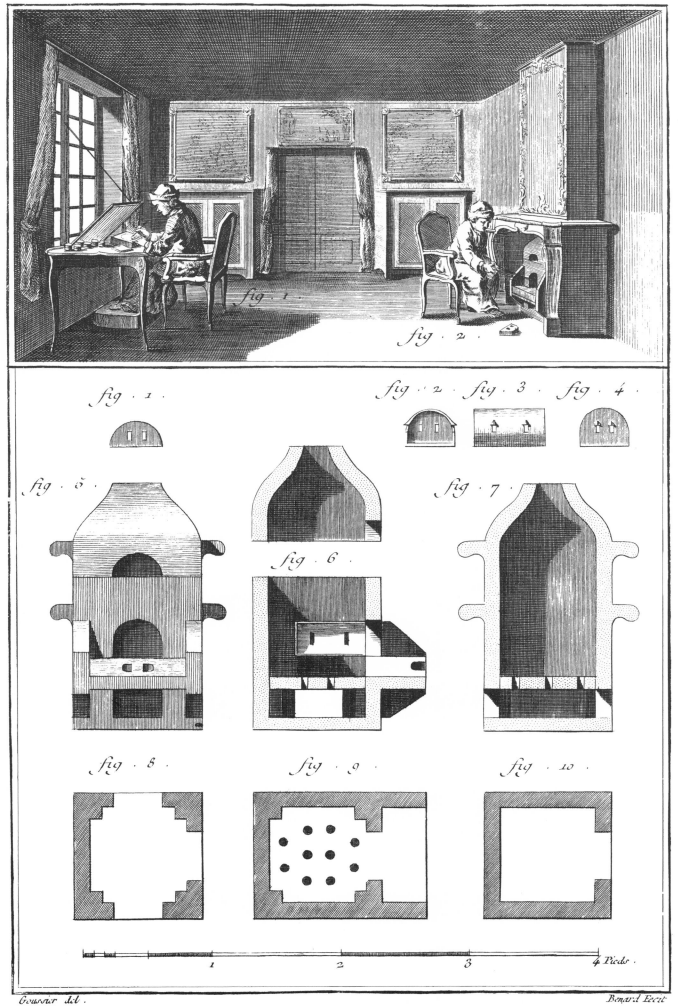

fig. 1.

fig. 2.

fig. 1.

fig. 2.   fig. 3.   fig. 4.

fig. 5.

fig. 6.

fig. 7.

fig. 8.

fig. 9.

fig. 10.

1   2   3   4 Pieds.

Goussier del.   Benard Fecit.

Peinture en Émail.

Pl. II.

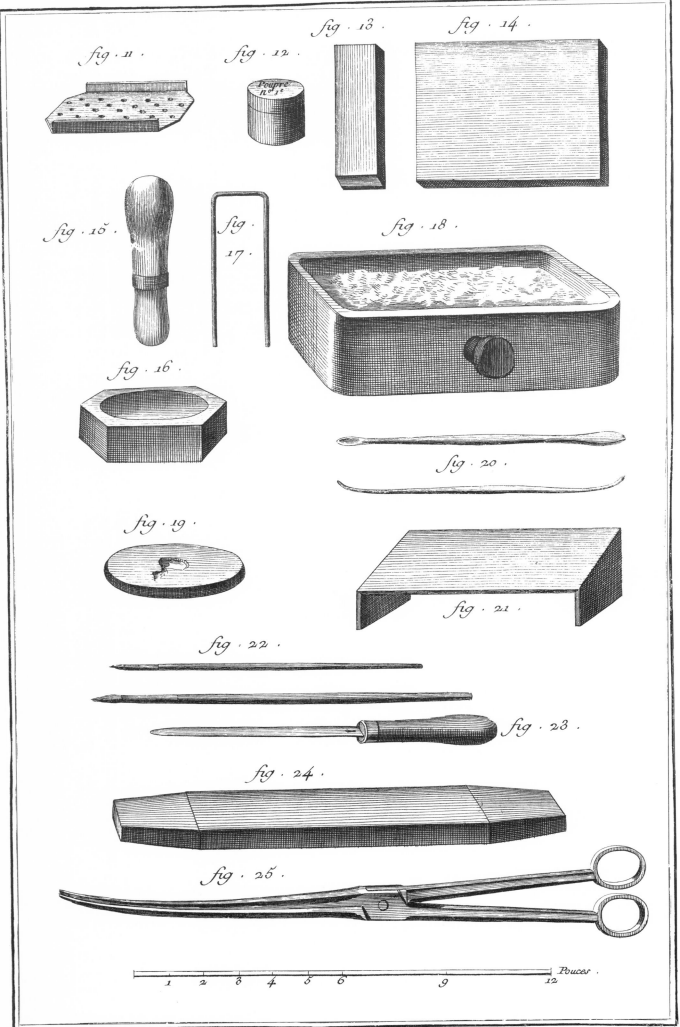

fig. 11.   fig. 12.   fig. 13.   fig. 14.

Pourpre n°. 1er

fig. 15.   fig. 17.   fig. 18.

fig. 16.

fig. 20.

fig. 19.   fig. 21.

fig. 22.

fig. 23.

fig. 24.

fig. 25.

Pouces.

1   2   3   4   5   6   9   12

Goussier Del.   Benard Fecit.

Peinture en Email.

FLEURISTE ARTIFICIEL.

CONTENANT HUIT PLANCHES, DONT UNE DOUBLE.

PLANCHE Iere.

LE haut de cette Planche repréfente un attelier où plufieurs ouvriers, ouvrieres & enfans font occupés diverfement à faire des fleurs artificielles ; l'un en *a* à arranger des fleurs enfemble, un en *b* à découper avec des emporte-pieces ; d'autres en C à faire des boutons, une ouvriere en *d* à gaufrer avec la machine à gaufrer ; un en *e* à étendre le vélin, la toile ou autre étoffe ; un en *f* à tourner le vélin fur le fil de fer, tandis qu'un petit garçon en *g* eft occupé à tourner la roue du rouet ; une femme en *h* à gaufrer au fer, & les autres en *i* à faire des boutons, ajufter des fleurs, &c.

Plans d'emporte-pieces de feuilles de fleurs.

Les *fig.* 1. 2. 3. 4. 5. 6. & 7. repréfentent autant de plans d'emporte-pieces propres à faire des feuilles de fleurs, d'anémones ou de renoncules. Ainfi faites, on les applique les unes fur les autres, les plus petites fur les plus grandes ; étant montées enfemble, elles imitent parfaitement la fleur d'anémone ou de renoncule.

8. 9. 10. Plans d'emporte-pieces pour des feuilles du cœur des fleurs d'anémone ou de renoncule.

11. 12. 13. Plans d'emporte-pieces, de fleurs d'anémones, ou de renoncules, appellées *boutons d'or*.

14. 15. 16. 17. Plans d'emporte-pieces pour des feuilles de fleurs d'aubépine.

PLANCHE II.

Plans d'emporte-pieces de feuilles de fleurs.

Les *fig.* 1. 2. 3. 4. 5. 6. repréfentent des plans de toute grandeur, d'emporte-pieces pour des feuilles de fleurs d'œillets ; & les *fig.* 7. 8. & 9. d'autres plus petits pour les feuilles des cœurs des mêmes œillets.

10. 11. 12. 13. 14. 15. 16. Plans d'emporte-pieces de toute grandeur pour des feuilles de fleurs de rofe.

17. 18. 19. 20. Plans d'emporte-pieces pour des feuilles de fleurs d'orange.

21. 22. Plans d'emporte-pieces pour des feuilles de fleurs de lilas.

23. 24. 25. Plans d'emporte-pieces pour des feuilles de fleurs de petit lilas.

PLANCHE III.

Plans d'emporte-pieces de feuilles de fleurs.

Les *fig.* 1. 2. & 3. repréfentent des plans d'emporte-pieces pour des feuilles de fleurs de jafmin de France.

4. 5. Plans d'emporte-pieces pour les feuilles des fleurs de jafmin jaune.

6. 7. Plans d'emporte-pieces pour des feuilles de fleurs de giroflée double.

8. 9. Plans d'emporte-pieces pour des feuilles de fleurs de giroflée fimple.

10. 11. 12. 13. Plans d'emporte-pieces pour des feuilles de fleurs de fcabieufe.

14. 15. 16. 17. Plans d'emporte-pieces pour des feuilles de fleurs de grenade.

18. 19. 20. 21. Plans d'emporte-pieces pour des feuilles de fleurs d'œillets d'Inde.

22. 23. Plans d'emporte-pieces pour des feuilles de fleurs de laurier-rofe.

24. 25. 26. Plans d'emporte-pieces pour des feuilles de mouches, fervant aux cœurs de la plûpart des fleurs.

PLANCHE IV.

Plans d'emporte-pieces de feuilles.

Les *fig.* 1. 2. 3. & 4. repréfentent des plans d'emporte pieces pour différentes feuilles d'aubépine.

5. 6. 7. 8. Plans d'emporte-pieces pour différentes feuilles de rofier fimple & double.

9. 10. Plans d'emporte-pieces pour des feuilles de rofier foireux.

N. 10. Fleurifte.

11. 12. 13. Plans d'emporte-pieces pour différentes pieces de jafmin.

14. 15. Plans d'emporte-pieces pour des feuilles de perfil.

16. 17. Plans d'emporte-pieces pour des feuilles de vigne.

18. 19. 20. 21. Plans d'emporte-pieces pour des feuilles de chêne.

PLANCHE V.

Plans d'emporte-pieces de feuilles.

Les *fig.* 1. & 2. repréfentent des plans d'emporte-pieces pour différentes feuilles de fcabieufe.

3. Plan d'emporte-piece pour des feuilles de balfamum.

4. Plan d'emporte-pieces pour des feuilles de coquelico.

5. 6. Plans d'emporte-pieces pour différentes feuilles de croix de Jérufalem fimple & double.

7. 8. Plans d'emporte-pieces pour différens compofés de plufieurs feuilles d'œillets d'Inde.

9. 10. Plans d'emporte pieces pour différentes feuilles de capucines.

11. 12. Plans d'emporte-pieces pour différentes feuilles de fraifier.

13. 14. 15. Plans d'emporte-pieces pour différentes feuilles de buis.

16. 17. Plans d'emporte-pieces pour différentes feuilles d'épine-vinette.

18. 19. 20. 21. Plans d'emporte-pieces pour différentes efpeces de feuilles d'imagination.

PLANCHE VI.

Outils.

La *fig.* 1. repréfente une febille remplie de fable, contenant une quantité de petits fils de fer, garnis chacun d'un bouton fait de mie de pain, de filaffe ou autre chofe femblable, gommé, expofé ainfi à la féchereffe, & fait pour fervir de graines ou boutons de fleurs ; A eft la febille, B les petits boutons.

2. Paire de pinces camufes ; A A en font les mords, & B B les branches.

3. Paire de pinces plates ; A A en font les mords, & B B les branches.

4. Paire de pinces rondes ; A A en font les mords, & B B les branches.

5. Brucelles, efpece de pince plate ; A en eft la tête, & B B les branches.

6. Compas ; A en eft la tête, & B B les pointes.

7. Poinçon fait pour percer des trous dans le milieu des feuilles des fleurs ; A en eft le poinçon, & B le manche.

8. Elévation, & 9. plan d'un gaufroir de cuivre, fait pour gaufrer les feuilles ; A eft le gaufroir, B la tige, & C le manche.

10. Elévation, & 11. le plan d'un autre gaufroir de cuivre ; A en eft le gaufroir, B la tige, & C le manche.

12. Gaufroir de bois ; A A en font les rainures.

13. Gaufroir de fer à mouche, fait pour gaufrer les mouches des feuilles de fleurs d'orange, & autres chofes femblables ; A en eft le gaufroir, B la tige, C le manche.

14. Couteau dont le taillant eft arrondi ; A en eft la lame, & B le manche.

15. Cifoires ; A A en font les mords, & B B les branches.

16. Cifeaux ; A A en font les taillans, & B B les anneaux.

17. Cifeaux d'une autre forme ; A A en font les taillans, & B B les anneaux.

18. Elévation, & 19. plan d'un emporte-piece ; A en eft le taillant acéré, & B la tête.

20. Elévation, & 21. plan d'un autre emporte-piece, A en est le taillant acéré, & B la tête.

22. Table sur laquelle on travaille les ouvrages.

23. Petite masse servant à redresser sur le billot les entailles que les emporte-pieces y ont faites; A en est la tête, & B le manche.

24. Grosse masse destinée au même usage que la précédente; A en est la tête, & B le manche.

25. Petit maillet de bois; A en est la tête, & B le manche.

26. Gros maillet de bois; A en est la tête, & B le manche.

27. Fort billot de bois, sur lequel on découpe les fleurs & les feuilles avec emporte-pieces par le secours des maillets.

28. Vrille; A en est la meche, & B le manche.

PLANCHE VII.

Outils.

Les *fig.* 1. 2. & 3. représentent des mandrins à contourner; le premier en forme de cône, le second en plat ou quarré, & le troisieme en forme de cylindre ou ovale.

4. Terrine à déposer ou broyer les couleurs.

5. Chauderon à faire bouillir les couleurs.

6. Pié de roi.

7. Brosse ou Vergette.

8. Paire de tournettes, dont l'une A est mobile par le moyen d'une tringle à coulisse B, qui s'arrête où l'on juge à propos avec le secours d'une vis C; l'autre tournette D est à demeure sur la tablette E montée sur ses quatre piés F F, &c.

9. Gaufroir à manivelle propre à gaufrer les feuilles; c'est un chassis de bois composé de sommiers A A, & de ses traverses B B que l'on arrête sur une table remontée de deux jumelles C C entretenues de contrefiches D D, &c. traversées d'un cylindre E, servant de gaufroir à un des bouts duquel est une manivelle E que l'on tourne d'une main, tandis que de l'autre on pose la feuille à gaufrer sur le gaufroir; la corde ou ficelle G s'entortille sur la feuille & serre dessus par le moyen d'un poids suspendu à son extrémité, & ainsi de suite jusqu'à l'extrémité du gaufroir que l'on devide ensuite pour recommencer.

10. Tasse à couleur de rose.

11. Paire de pinceaux; A A en sont les pinceaux, B l'ante.

12. Etendoir propre à étendre sur des cordes le vélin, la toile, ou autres étoffes nouvellement teintes; A en est l'étendoir, & B le manche.

13. Planchette; A en est la planchette, & B B les pointes.

14. Chauffrette propre à faire chauffer le gaufroir de cuivre ou de fer.

15. Pié d'une bobine; A en est le pié de plomb, B la fusée.

16. Bobine garnie de fil ou de soie.

17. Verre contenant de la gomme.

18. Petits pots propres à mettre différens ingrédiens.

19. Rouet composé par un bout de la roue A A, & ses rayons B B, de son tourillon C, garni de manivelle D, monté sur deux supports E E entretenus de contrefiches F, appuyés ensemble sur la table G, à l'autre bout de laquelle sont deux autres supports H H & contrefiches I, soutenant deux coussinets K K, sur lesquels est montée la bobine L mue par la corde M de la roue, dont le tourillon N est destiné à faire tourner un fil de fer que l'on enveloppe de vélin, toile ou étoffe, pour servir aux queues des fleurs.

20. Chaise, dont une des traverses A percée est traversée & arrêtée par derriere d'un moule à bouton simple; B le fil de fer mu par le rouet précédent, & que l'on enveloppe de vélin, toile ou étoffe.

21. Petite terrine destinée à contenir de la colle-forte.

PLANCHE VIII.

La *fig.* 1. représente l'élévation, & la *fig.* 2. la moitié du plan d'un surtout de table destiné à contenir en forme de décoration symmétrique tous les fruits, sucres, confitures, liqueurs, & autres choses semblables à l'usage des desserts. Au milieu de ce surtout se présente un temple dédié à Pomone. Cette déesse élevée sur son piédestal de marbre précieux, orné de guirlandes de fleurs, est couronnée de semblables guirlandes artistement arrangées. Près de-là sont des autels où brûlent continuellement les encens qui lui sont offerts, & dont l'odeur se répandant aux environs, peut devenir agréable à l'assemblée.

Ce temple élevé est ouvert par ses quatre faces, & présente à chacune d'elles un ordre d'architecture ionique; cet ordre est composé de piédestaux & colonnes surmontés d'entablement, couronnés de fronton & de vases antiques: au-dessus s'éleve un dôme en forme de calotte, au milieu duquel est une corbeille de fleurs ou de fruits, le tout orné de mosaïques en fleurs des plus galantes. Aux quatre angles sont des femmes suivantes de la déesse, tenant entre leurs mains des guirlandes de fleurs & des corbeilles de fruits. Aux environs de ce temple plus bas sont des parterres d'eau, dont la source vient d'un réservoir pratiqué dans l'épaisseur de la calotte, & dont la conduite traversant l'épaisseur des colonnes, & passant par dessous les plateaux, va joindre & fournir chacun des jets des bassins. Ces bassins flanqués par leurs angles, de socles sur lesquels sont des vases garnis de fruits ou de fleurs, sont environnés de perrons & de charmilles bordées de fruits, confitures, sucreries, arbrisseaux, vases contenant aussi des fruits mêlés de fleurs. A ces parterres d'eau, l'on peut substituer des corbeilles de fleurs ou de fruits, nouvelle offrande à la divinité, ou des candelabres, si c'est pendant la nuit.

Ce surtout fait pour une table de quarante à soixante couverts, est composé de treize plateaux que l'on peut placer de façon à former onze plans différens, plus petits ou plus grands les uns que les autres, selon la grandeur & la forme des tables. Les lignes marquées d'un noir fermé marquent la jonction des plateaux.

Celui du milieu A peut se placer seul.

Le même A avec deux des plateaux circulaires D D.

Le même A avec les quatre plateaux circulaires D D.

Le même A avec deux des plateaux barlongs B B.

Le même A avec les quatre plateaux barlongs B B.

Le même A avec deux plateaux circulaires D D sur deux faces, & deux des plateaux barlongs B B sur les deux autres.

Le même A avec deux des plateaux barlongs B B sur deux faces, & deux des plateaux circulaires D D aux extrémités de ces derniers.

Le même A avec deux des plateaux barlongs B B sur deux faces, deux des plateaux circulaires D D aux extrémités de ces derniers, & les deux autres plateaux circulaires sur les faces en-travers sur celui du milieu A.

Le même A avec les quatre plateaux barlongs B B, &c. sur les quatre faces, & deux des plateaux circulaires D D sur deux faces.

Le même A avec les quatre plateaux barlongs B B, &c. sur les quatre faces, & les quatre plateaux circulaires aux extrémités de ce dernier.

Le même enfin avec ses treize plateaux, tels qu'on les voit sur le plan, *fig.* 2.

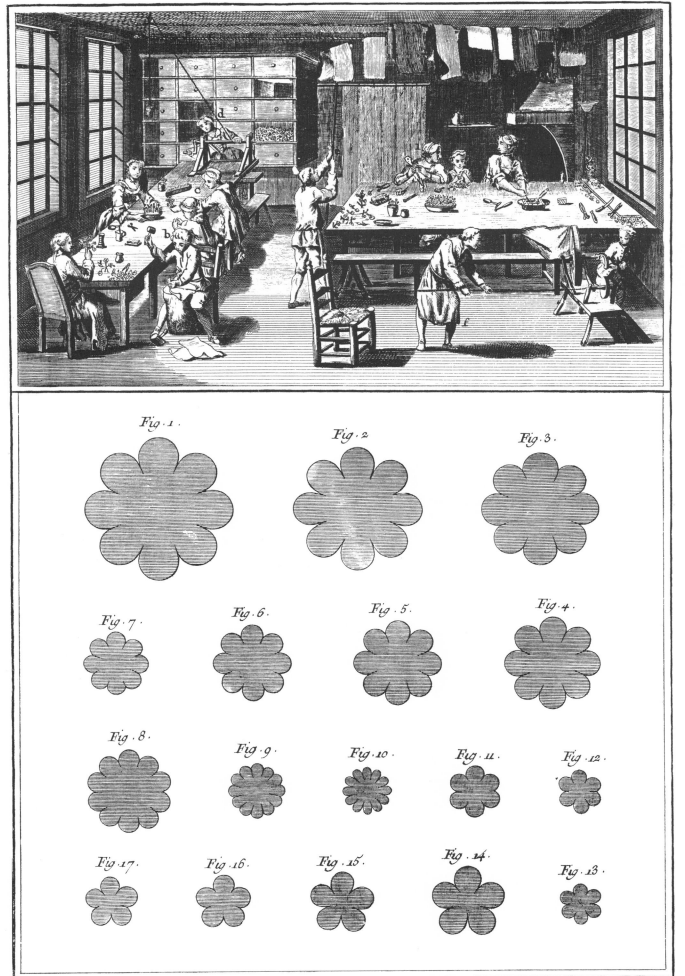

PL. I.

Fig. 1. Fig. 2. Fig. 3.

Fig. 7. Fig. 6. Fig. 5. Fig. 4.

Fig. 8. Fig. 9. Fig. 10. Fig. 11. Fig. 12.

Fig. 17. Fig. 16. Fig. 15. Fig. 14. Fig. 13.

Lucote Del.

Benard Fecit

Fleuriste Artificiel, Plans d'emporte-pieces de Feuilles de Fleurs.

Pl. II.

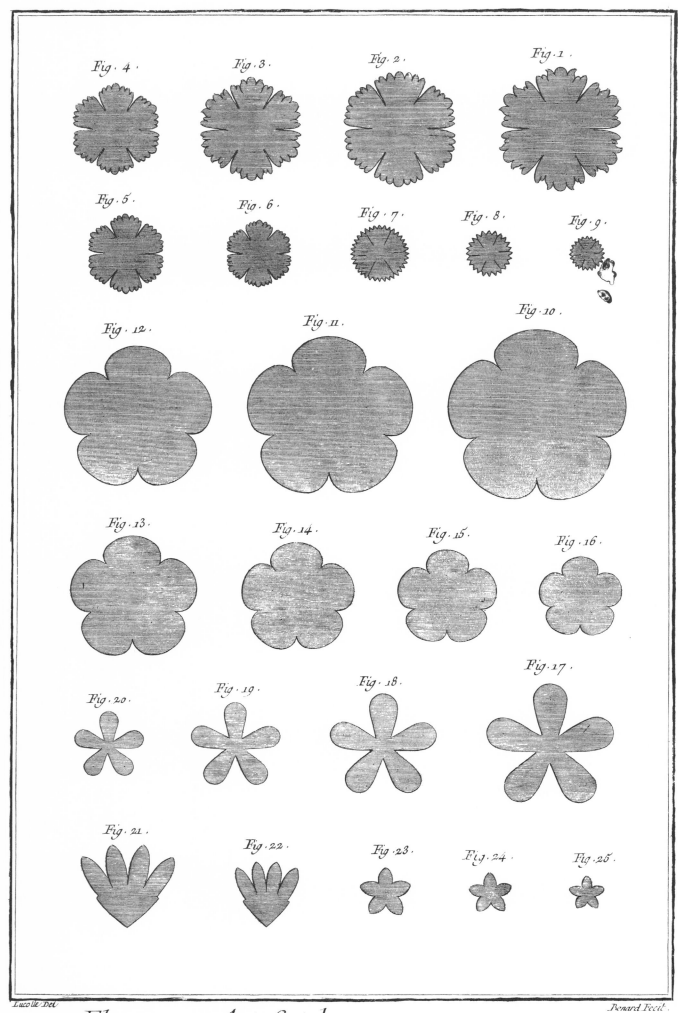

Fig. 4 . Fig. 3 . Fig. 2 . Fig. 1 .

Fig. 5 . Fig. 6 . Fig. 7 . Fig. 8 . Fig. 9 .

Fig. 12 . Fig. 11 . Fig. 10 .

Fig. 13 . Fig. 14 . Fig. 15 . Fig. 16 .

Fig. 20 . Fig. 19 . Fig. 18 . Fig. 17 .

Fig. 21 . Fig. 22 . Fig. 23 . Fig. 24 . Fig. 25 .

Lucolle Del

Benard Fecit.

Fleuriste Artificiel Plans d'emporte-pieces de feuilles de Fleurs.

Pl. III

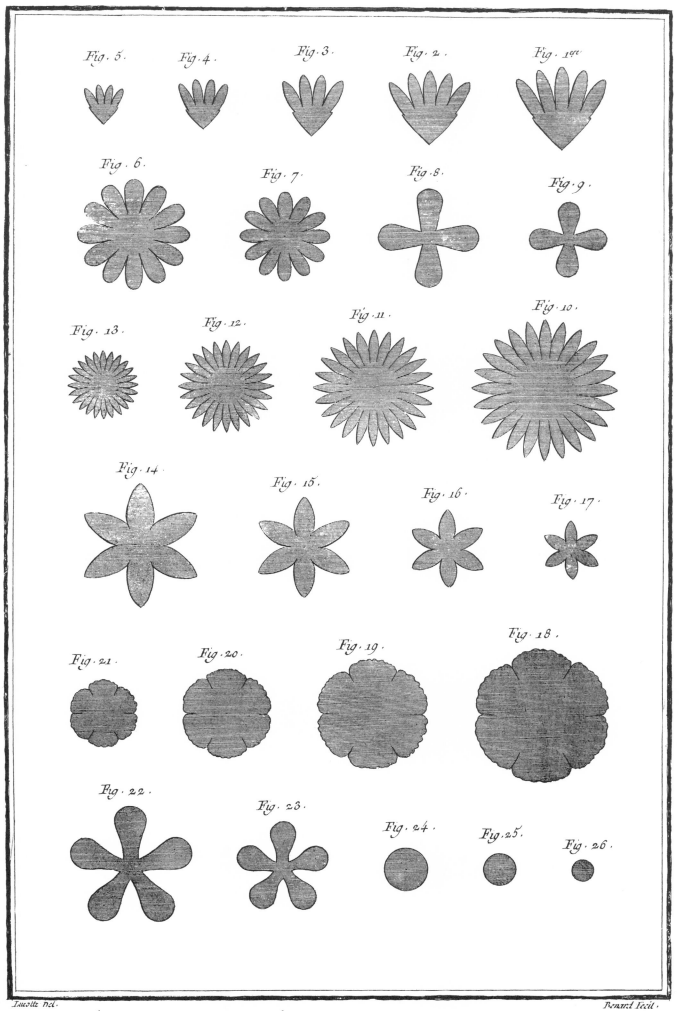

Fig. 5. Fig. 4. Fig. 3. Fig. 2. Fig. 1er.

Fig. 6. Fig. 7. Fig. 8. Fig. 9.

Fig. 13. Fig. 12. Fig. 11. Fig. 10.

Fig. 14. Fig. 15. Fig. 16. Fig. 17.

Fig. 21. Fig. 20. Fig. 19. Fig. 18.

Fig. 22. Fig. 23. Fig. 24. Fig. 25. Fig. 26.

Lucotte Del. Benard Fecit.

Fleuriste Artificiel, Plans d'emporte-pieces de Feuilles de Fleurs.

Pl. IV.

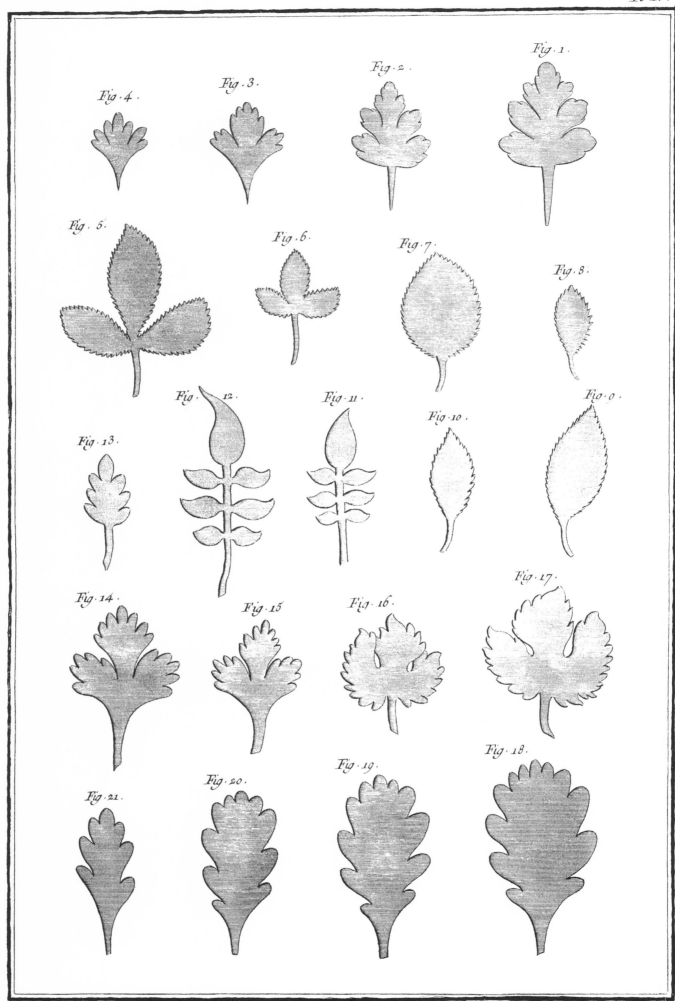

Fig. 1. Fig. 2. Fig. 3. Fig. 4. Fig. 5. Fig. 6. Fig. 7. Fig. 8. Fig. 9. Fig. 10. Fig. 11. Fig. 12. Fig. 13. Fig. 14. Fig. 15. Fig. 16. Fig. 17. Fig. 18. Fig. 19. Fig. 20. Fig. 21.

Lucotte Del.   *Benard Fecit.*

Fleuriste Artificiel Plans d'emporte-pieces de Fleurs.

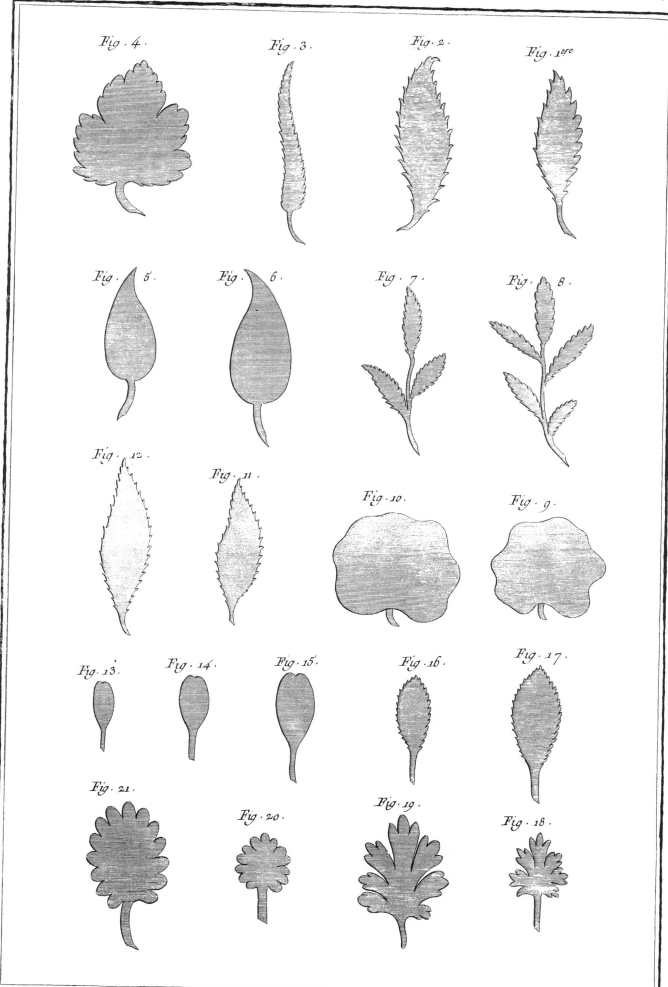

Fleuriste Artificiel, Plans d'emporte-pieces de Feuilles.

Pl. VI.

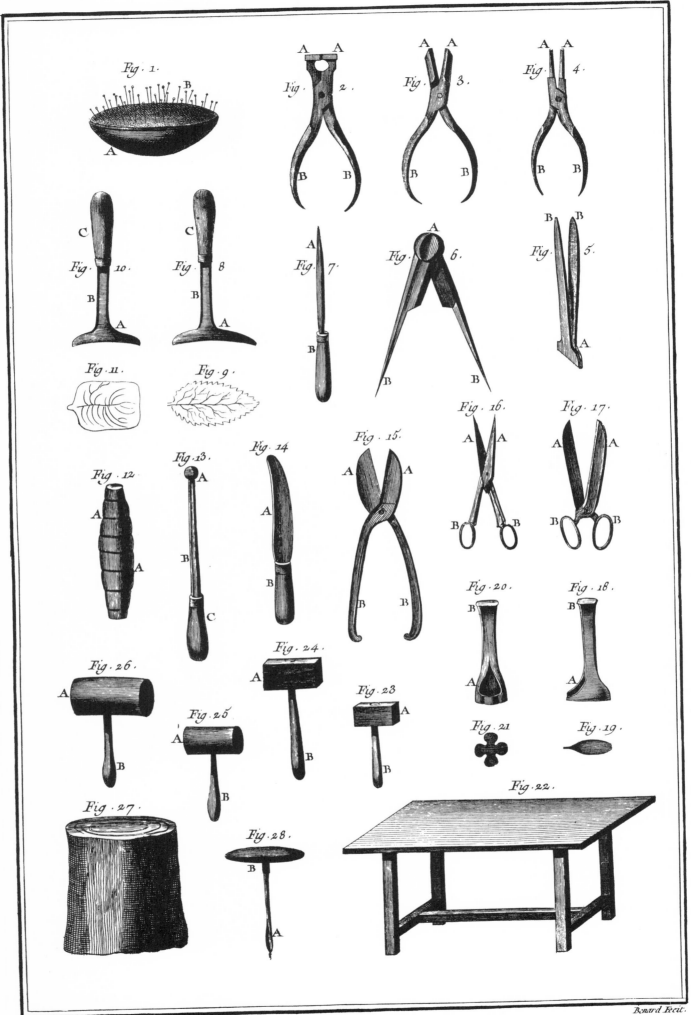

Fleuriste Artificiel, Outils.

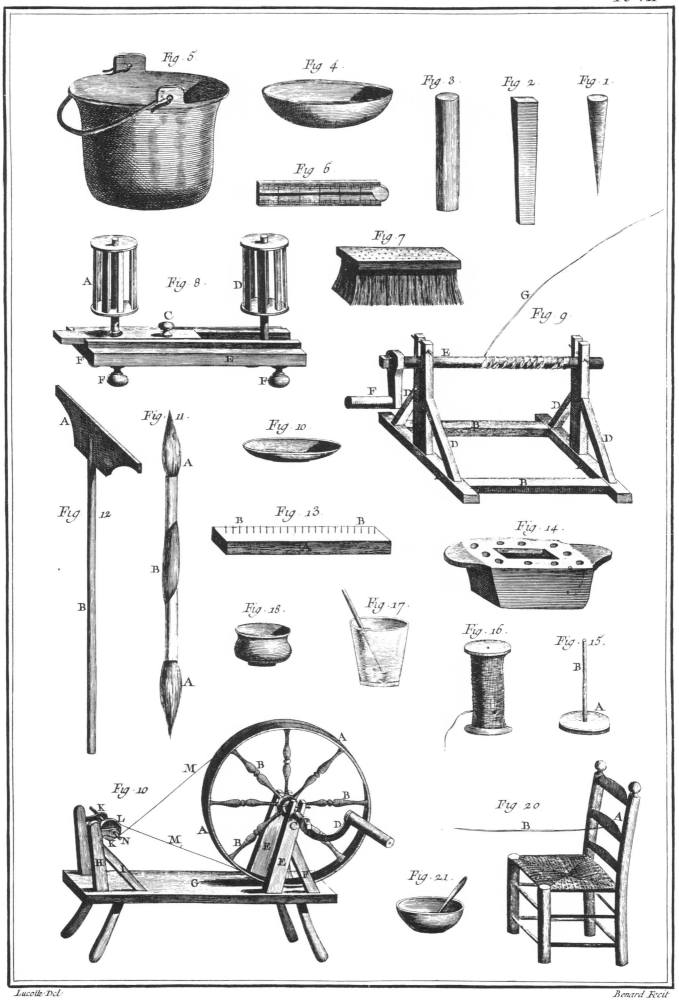

Pl. VII

Fig. 5.

Fig. 4.

Fig. 3.

Fig. 2.

Fig. 1.

Fig. 6.

Fig. 8.

Fig. 7.

Fig. 9.

Fig. 11.

Fig. 10.

Fig. 12.

Fig. 13.

Fig. 14.

Fig. 18.

Fig. 17.

Fig. 16.

Fig. 15.

Fig. 10.

Fig. 20.

Fig. 21.

Lucotte Del.

Benard Fecit.

Fleuriste Artificiel, Outils.

Pl. LIII.

Fig. 1.er.

Fig. 2.e.

A

B

C

D

Echelle de 6 Pieds

0   5   4   3   2   1

PATENÔTRIER,

CONTENANT DEUX PLANCHES.

PLANCHE Iere.

LE haut de cette Planche repréfente un attelier où plufieurs ouvriers font occupés à la fabrique des patenôtres ; l'un en *a*, à fendre un os fur un billot avec un coin ; un autre en *b*, à dreffer à la ferpe un fragment d'os ; un autre en *c*, à arranger ces fragmens en pentes paralleles pour en faire des grains ; un autre en *d*, à percer ces paralleles au rouet ; & un autre en *e* enfin, à les tourner.

Fig. 1. Os entier.

2. & 3. Os dont on a coupé la tête.

4. Os fcié.

5. Os fendu.

6. & 7. Petits os fendus.

8. Scie. A, la tige. BB, les branches. C, le fer de la fcie. D, le manche.

9. Serpe. A, le taillant. B, le manche.

10. Maillet. A, le maillet. B, le manche.

11. Coin à pointe. A, la pointe. B, la tête.

12. Coin à cifeau. A, le cifeau. B, la tête.

13. Une noix de coco.

14. Une larme de Job.

15. 16. & 17. Groffes patenôtres.

18. 19. 20. 21. 22. 23. 24. & 25. Différentes petites patenôtres.

PLANCHE II.

Fig. 1. Rouet à percer les patenôtres. A, la roue. BB, les fupports. C, la manivelle. D, l'établi. E, le pié. FF, les poupées. G, la broche.

2. & 3. Poupées de l'établi du rouet à percer. AA, les fupports. BB, les trous de la broche. CC, les clés.

4. Broche à tourner les grains. A, la broche. B, la poulie. CC, les grains.

5. Gouge à grain-d'orge à tourner. A, le taillant. B, le manche.

6. Grain-d'orge d'une autre forme à tourner. A, le taillant. B, le manche.

7. Grain prêt à tourner. A, la broche. B, la poulie. C, le grain.

8. Rouet à tourner. A, la roue. BB, les fupports. C, la manivelle. D, l'établi. E, le pié. FF, les bordures. GG, les poupées. H, le grain monté.

9. Portion de l'établi difpofé à polir les patenôtres. A, l'établi. BB, les bordures. CC, les poupées. DD, les taffeaux. E, la poulie.

10. Portion de l'établi difpofé à percer les patenôtres. A, l'établi. BB, les bordures. C, la poupée. D, la poupée de la broche. E, la broche. F, la poulie. G, le fupport.

11. Portion de l'établi difpofé à tourner les patenôtres. A, l'établi. BB, les bordures. CC, les poupées. DD, les taffeaux. E, la poulie. F, les patenôtres montées. G, la barre de fupport. HH, les vis de la barre de fupport.

12. Support à fcier les os. A, le fupport. B, la clé.

13. Patenôtres montées. A, les patenôtres. B, la poulie. C, la broche.

14. Broche à percer. A, la broche. B, l'embafe. C, la poulie.

15. L'une des poupées. A, le corps de la poupée. B, la queue. C, la clé. D, le trou de la vis.

16. Poupée à broche. A, la poupée. B, les trous de la broche. C, la clé.

17. Pinces. AA, les mords. BB, les branches.

18. Support coudé. A, la pointe. B, le coude.

19. Barre de fupport. A, l'entaille. BB, les trous des vis.

20. & 21. Vis à tête ronde de la barre de fupport. AA, les vis. BB, les têtes.

Pl. I.

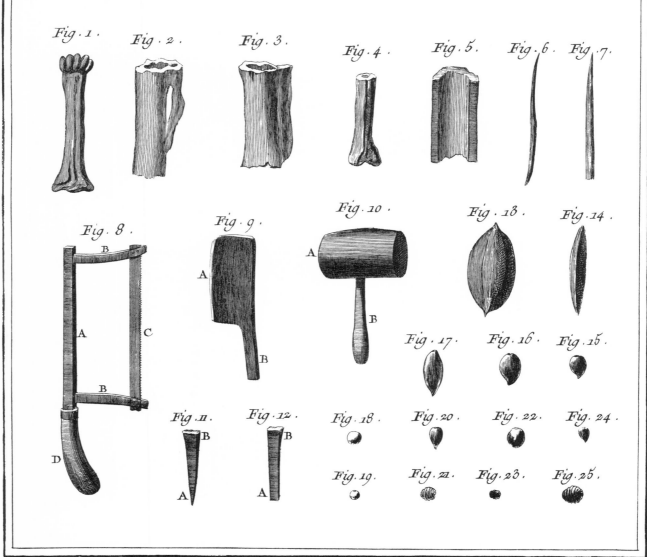

Fig. 1.   Fig. 2.   Fig. 3.   Fig. 4.   Fig. 5.   Fig. 6.   Fig. 7.

Fig. 8.   Fig. 9.   Fig. 10.   Fig. 13.   Fig. 14.

Fig. 17.   Fig. 16.   Fig. 15.

Fig. 11.   Fig. 12.   Fig. 18.   Fig. 20.   Fig. 22.   Fig. 24.

Fig. 19.   Fig. 21.   Fig. 23.   Fig. 25.

Lucotte Del.   Benard Fecit.

Patenôtrier, Ouvrages et Outils.

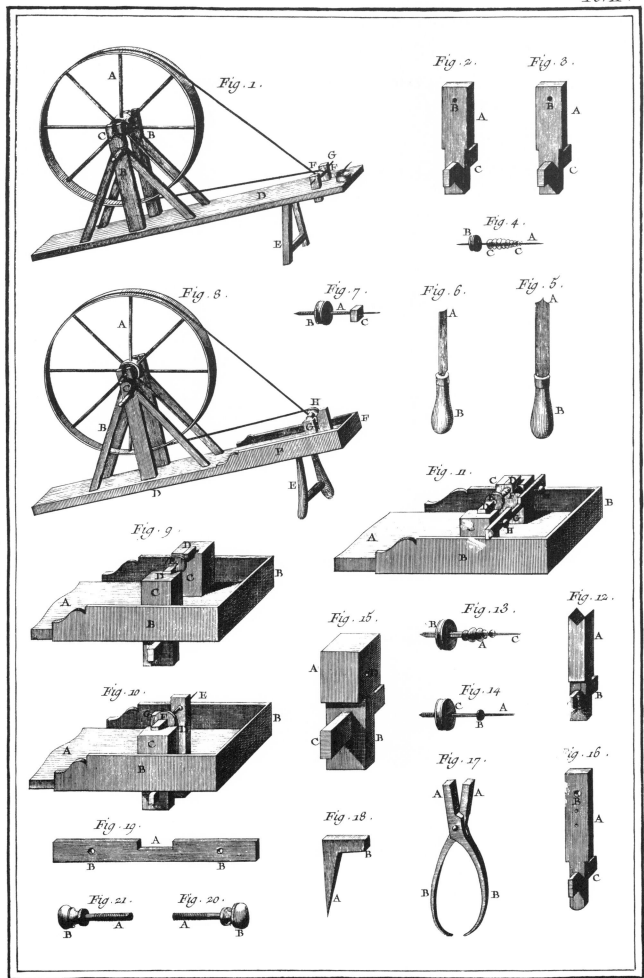

Pl. II.

Fig. 1.

Fig. 2.

Fig. 3.

Fig. 4.

Fig. 8.

Fig. 7.

Fig. 6.

Fig. 5.

Fig. 11.

Fig. 9.

Fig. 12.

Fig. 15.

Fig. 13.

Fig. 10.

Fig. 14.

Fig. 16.

Fig. 17.

Fig. 19.

Fig. 18.

Fig. 21.

Fig. 20.

Lucotte Del.

Benard Fecit.

Patenôtrier.

PÂTISSIER,

CONTENANT DEUX PLANCHES.

PLANCHE Iere.

LA vignette repréfente la boutique d'un pâtiffier.

Fig. 1. Repréfente un homme qui pêtrit.
2. Autre qui forme un pâté.
3. Jeune homme qui fouette des blancs d'œufs pour les bifcuits.
4. Homme qui enfourne.
5. Autres employés à des ouvrages de pâtifferie.
6. Cheminée où l'on voit une chaudiere fur le feu, fervant à faire les échaudés & à d'autres ufages.
7. Le coffre à farine dont la table eft amovible & fert à former la pâtifferie.
8. Billot.
9. Ouvrier tenant une manne remplie d'échaudés.

Bas de la Planche.

Fig. 1. Plafond de tôle ou de cuivre fur lequel on pofe les menues pâtifferies pour les mettre au four.
2. Tourtiere vue par-dedans.
3. Tourtiere vue de profil.
4. Couvercle de tourtiere vu en-deffus.
5. Tourtiere.
6. Mortier de marbre blanc. *a*, le bilot du mortier.
7. Pilon de buis.
8. Baffine de cuivre pour battre les blancs d'œufs & les amalgamer avec la pâte dont on fait le bifcuit. *b c*, fpatule pour amalgamer la pâte des bifcuits avec les blancs d'œufs.
9. Poële à confitures.
10. Verge pour fouetter les blancs d'œufs.
11. Tour à pâte fur lequel on pêtrit. *d*, la table. *e*, tas de farine. *f*, morceau de pâte fur lequel le rouleau a paffé. *g*, rouleau de buis. *h*, pot d'étain nommé *mouilloir.*
12. Petit pinceau nommé *doroir.*
13. Hache pour fendre le bois.
14. Gratte-pâte.
15. Ratiffoire pour nettoyer la table du tour à pâte.
16. Hachoir pour hacher les viandes qu'on emploie dans les pâtifferies.
17. Couperet.
18. Tamis pour paffer les jus & coulis.

PLANCHE II.

Tourtieres, Moules, Gaufrier, Pelles, &c.

Fig. 1. 2. 3. & 4. font des moules de fer-blanc pour exécuter des pieces en pâte de gâteau d'amande, ou en pâte de bifcuit ; les parties *a a a a*, &c. indiquent les *cellules* ou *canaux* du moule dans lefquels on coule la pâte préparée. Ces cellules ont un fond & deux rebords ; c'eft dans ces moules

que les pieces qu'on y a coulées fe mettent cuire au four.
5. Le profil ou coupe tranfverfale d'un des canaux du moule, prife fur la ligne *c*, *d*, de la *figure* 4. *e*, le fond. *f*, *f*, fes rebords. C'eft toujours le fond *e* qui donne à l'objet qui en fort la figure la plus conforme à la chofe qu'on a voulu repréfenter.
6. 7. & 8. Sont des pieces de gâteau d'amande ou de pâte de bifcuit qu'on a repréfentées forties de leur moule ; les parties *a*, *a*, *a*, *a*, &c. font vuides, & les parties *b*, *b*, *b*, &c. font les objets en pâte qui étoient contenus dans les cellules ou canaux du moule.

Les pâtiffiers qui font affortis ont des moules variés à l'infini, ils peuvent exécuter des arbres, des animaux, des figures, des bâtimens, &c. mais comme la difficulté de bien rendre tous ces objets dépend de la perfection du moule & de l'art du ferblantier qui les fait, il arrive toujours que la connoiffance du deffein & de l'architecture étant fort rarement du reffort de la ferblanterie, que ces moules font de mauvais goût & de mauvaifes proportions, & les figures qui en fortent ridiculement deffinées ; ce que les pâtiffiers exécutent le mieux dans ce genre font les lettres initiales d'un nom, comme un M, une F, une L, &c. des cœurs & des étoiles ; ainfi on s'eft contenté en donnant les *Fig.* 6. 7. & 8. d'indiquer ce que l'on pourroit faire dans les différens genres avec de bons moules.
9. Petite tourtiere pour les pâtés au jus. *g*, fon profil.
10. Tourtiere ronde goudronnée. *h*, fon profil.
11. 12. 13. 14. Moules à bifcuits de différens prix ; c'eft dans ces moules que les bifcuits fe mettent au four.
15. Moule de fer-blanc nommé *baftion*, pour exécuter une piece en pâte de gâteau d'amande, ou en pâte de bifcuit.
16. Le baftion forti de fon moule.
17. Moule de bonnet de Turc.
18. Bonnet de Turc forti du moule, fait en pâte de bifcuit ou en gâteau d'amande.
19. Gaufrier ouvert.
20. Gaufrier fermé.
21. Coupe-pâte de fer-blanc, en forme de cœur.
22. Autre coupe-pâte de fer-blanc.
23. Le même vu en deffus.
24. Pelle à enfourner les menues pâtifferies ; le manche eft de bois & la pelle de fer.
25. Fourgon ; c'eft un crochet de fer qui fert à ranger le feu dans le four ; le manche eft de bois.
26. & 27. Pelles de bois de différentes grandeurs, pour enfourner les pains à bénir.
28. Ecouvillon ; c'eft une efpece d'affemblage de vieilles cordes effilées & de vieux chiffons, emmanchés au bout d'un bâton, fervant à nettoyer le four.

Pl. Iere

Fig. 1.   Fig. 2.   Fig. 4.
Fig. 5.
Fig. 3.   Fig. 9.
Fig. 6.   Fig. 7.   b
c   Fig. 10.   Fig. 13.
a   Fig. 12.   Fig. 14.
Fig. 8.   h
Fig. 15.   Fig. 11.   d   f   e
Fig. 16.
Fig. 17.
Fig. 18.

Benard Fecit.

Patissier, Tour à Pâte, Bassines, Mortier &c.

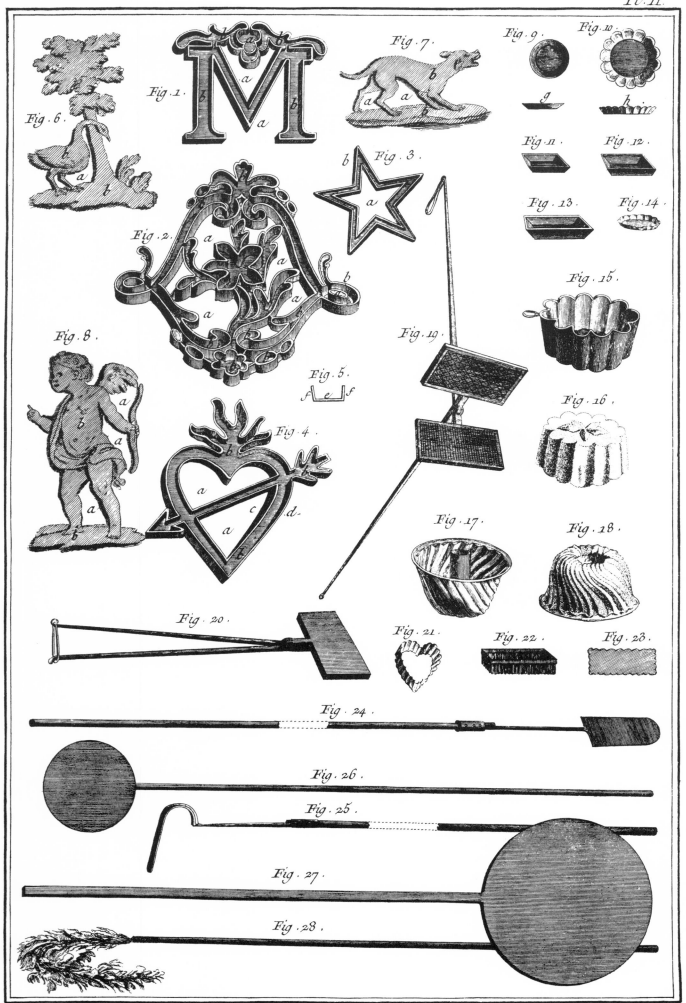

Pl. II.

Fig. 1.
Fig. 2.
Fig. 3.
Fig. 4.
Fig. 5.
Fig. 6.
Fig. 7.
Fig. 8.
Fig. 9.
Fig. 10.
Fig. 11.
Fig. 12.
Fig. 13.
Fig. 14.
Fig. 15.
Fig. 16.
Fig. 17.
Fig. 18.
Fig. 19.
Fig. 20.
Fig. 21.
Fig. 22.
Fig. 23.
Fig. 24.
Fig. 25.
Fig. 26.
Fig. 27.
Fig. 28.

Benard Fecit.

Patissier, *Tourtieres, Moules, Gaufrier, Pèles &c.*

PAUMIER,

CONTENANT NEUF PLANCHES.

PLANCHE Iere.

LE haut de cette Planche repréfente un jeu de paume où plufieurs particuliers en *a*, *b*, *c* & *d* font occupés au jeu, tandis que le garçon de paume ou marqueur en *e*, marque le jeu, ramaffe les balles, &c. *f* repréfente la corde du jeu, *g* la galerie d'en-bas, *h h* la galerie d'en-haut, *i* la joue d'en-haut, *k* la grille, *l* le trou, *m m* les carreaux.

Fig. 1. Echalas difpofé pour une raquette. A, la tête. BB, les jambes. C, le collet ficelé. DD, les bouts faifant le manche. E, le cabillet de bois. F, le cabillet de fer.

2. Raquette étançonnée & tournée. A, la chevrette. BB, les coins. C, la bride. D, l'étançon.

3. Raquette vue de côté. AA, les trous intérieurs. BB, les trous extérieurs. C, la tête du clou du collet. DD, les queues rivées.

4. Raquette cordée de montans & de traverfes roidies par deux billards AA.

5. Triquet. A, la tête. B, le manche.

6. Demi-triquet. A, la tête. B, le manche.

7. Battoir. A, la tête. B, le manche; les lignes ponctuées défignent les trois pieces qui le compofent.

8. Demi-battoir. A, la tête. B, le manche.

PLANCHE II.

Fig. 1. Chevalet à placer les échalas. A, le fiége. BB, les piés. C, la planchette. DD, les jambes de la planchette. E, la piece mobile.

2. Chaudiere. AA, la chaudiere. BB, les piés. CC, les échalas. D, la pierre à charger les échalas.

3. Moule à raquette. A, la table. BB, les piés. C, le moule à raquette. DDD, les tampons. E, la cheville de fer.

4. Poitriniere de liége. A, la plaque. B, le liége. C, la ceinture. D, la boucle.

5. Poitriniere de buis. A, la plaque. B, le buis. C, la ceinture. D, la boucle.

6. Chevalet à étançonner. A, le fiege. BB, les piés. C, le point d'appui. D, la piece mobile.

7. Banc à dreffer. A, la plate-forme. BB, les piés. CC, les broches. DDD, les crampons & crochets de fer.

8. Billot à planer. A, la table. BB, &c. les piés. DD, pieces, crampons & crochets de fer. EE, &c. différentes mortoifes & enfoncemens. FF, pattes pour arrêter le billot.

9. Billot aux clous. A, le billot. B, la broche à courber les clous C, le tranchet à couper.

10. Chevrette. A, le crochet. B, la tige. C, la queue d'aronde évafée.

11. & 12. Coins de la chevrette.

13. 14. 15. Compas à tracer les trous fur la raquette. AAA, les pointes.

16. Billard. A, la tige. B, le crochet. C, la vis. D, l'écrou.

17. A, la boîte à balle. BB, partie concave pour frapper la balle. C, la balle ficelée prête à être frappée. D, le bilboquet. E, partie de la ficelle.

18. Bride.

19. Tranchet courbe. A, la lame. B, le manche.

20. Poinçon double pour arranger les mailles de la raquette cordée. A, le fer à fourche. B, le manche.

21. Poinçon fimple, rond & poli, pour doucir les trous. A, le poinçon. B, le manche.

22. Grattoir, efpece de lame d'épée emmanchée. A, la lame. BB, les manches.

PLANCHE III.

Fig. 1. Lunette pour déterminer la groffeur des balles.

N°. 10.

2. Filet de recette.

3. Balle découverte.

4. Balle couverte.

5. Aiguille à fourche. A, la tête. B, la fourche.

6. Aiguille à filet. A, la tête. B, la pointe.

7. Blanchiffoir pour les balles.

8. Raquette. A, le chaffis. B, le manche.

9. Poinçon pour les raquettes. A, la noix. B, le manche.

10. Crampon de fer pour les raquettes. AA, les coudes.

11. Tenailles pour les raquettes. A, le chaffis d'en-bas. B, le mors immobile. C, le mors mobile ou à charniere. D, la vis. E, l'écrou. F, la raquette.

12. Pinces. AA, les mors. BB, les branches.

13. Plaque. A, la plaque. BB, les courroies.

14. Villebrequin. A, le villebrequin. B, le perçoir ou la meche.

15. Chevre à fabriquer les balles. A, le banc. BB, les piés. C, la boite. D, le trou de jauge. E, le bilboquet.

16. Poinçon délié. A, le fer. B, le manche.

17. Poinçon gros. A, le fer. B, le manche.

PLANCHE IV.

Fig. 1. Raquette cordée. AA, les dix-huit montans. BB, les trente-trois traverfes. C, l'étançon nervé & recouvert de parchemin. D, le manche couvert de peau blanche.

2. & 3. Parties latérales de la raquette cordée.

4. Portion de la raquette avec fon nœud développé. A, partie de la tête. BB, les montans. CC, les traverfes. D, le nœud développé. E, le trou d'un des montans. F, premier paffage de la corde. G, deuxieme paffage. H, troifieme paffage. I, quatrieme paffage. K, cinquieme paffage. L, fixieme paffage. M, feptieme paffage.

5. Cabillet de bois. AA, les échancrures.

6. Cabillet de fer. AA, les échancrures.

7. Liffette à paffer fur l'étançon.

8. Balle, premier ficelage, trois tours & un nœud.

9. La même balle, fecond ficelage, fept tours & un nœud.

10. La même balle, troifieme ficelage, fix tours & un nœud.

11. La même balle à trois ficelages, compofés de feize tours & trois nœuds, recouverte de drap blanc.

12. & 13. Pieces de drap fervant à couvrir la balle.

14. & 15. Billes d'ivoire à l'ufage du billard.

16. Petite queue. A, la tête. B, la queue.

17. Grande queue. A, la tête. B, la queue.

18. Groffe maffe. A, la maffe. B, la queue.

19. Petite maffe. A, la maffe. B, la queue.

20. Grande maffe. A, la maffe. B, la queue.

21. Fer de billard. A, la tête. BB, les branches. CC, les pointes.

22. Ratelier à dépofer les maffes. AA, les chevilles.

PLANCHE V.

Le haut de la Planche repréfente une falle de billard, où plufieurs perfonnes font occupées au jeu, l'une en *a* à pouffer la bille; une autre en B, à attendre fon tour, tandis que d'autres en *c*, en *d*, & en *e* font converfation. *f*, eft la table de billard; *gg*, un chaffis au-deffus, deftiné à fupporter les plaques, à contenir les lumieres pendant la nuit.

Fig. 1. Elévation perfpective de la table de billard. A, le deffus. BB, &c. les bloufes. C, le fer. DD, &c. les bords. EE, &c. les piés.

2. Plan du deffus de la table. AA, &c. les bloufes. BB, les bords. C, le fer.

3. Coupe de la table de billard. A , le deſſus. B B, les bords. C C, les chaſſis. D D, les piés.
4. Palette à marquer. A , la palette. B , le manche. C C, les chevilles à marquer.
5. & 6. Chevilles à marquer. A A, les têtes. B B, les pointes.

PLANCHE VI.

Plan au rez-de-chauſſée d'un jeu de paume quarré & ſes dépendances.

PLANCHE VII.

Plan au-deſſus des murs du même jeu de paume quarré.

PLANCHE VIII.

Coupes tranſverſales du même jeu de paume quarré.
Fig. 1. Vue intérieure du côté du fond du jeu.
2. Vue intérieure du côté devers le jeu.

PLANCHE IX.

Fig. 1. Plan au rez-de-chauſſée d'un jeu de paume à dedans.
2. Plan au-deſſus des murs du même jeu de paume à dedans.

Renvois des Planches VI. VII. VIII. & IX.

A , devers le jeu.

A A , fond de jeu.
B B , &c. joues des murs.
B B B B , &c. joues des galeries d'en-bas.
C , corde.
D D , &c. grillage.
E E , &c. galeries d'en-bas.
F F , &c. poteaux des galeries d'en-bas.
H H , marques du jeu.
H , grille.
I , tambour du jeu à dedans.
K K , ſalle de billard.
L , table de billard.
M , ſalle de jeu.
N , magaſin des balles , raquettes & autres uſtenſiles.
O , eſcalier pour monter au premier.
P P , &c. toît des galeries.
Q Q , &c. deſſus des murs du jeu.
R R , &c. auges ou galeries du haut en dehors.
S S , &c. poteaux corniers.
T T , poteaux du comble.
U U , comble au-deſſus de la table de billard.
X X , comble du jeu de paume.
a a , le premier ouvert & ſa raie.
b b , la porte & ſa raie.
c c , le ſecond ouvert & ſa raie.
d d , le dernier ouvert & ſa raie.
e , petit trou.
f , ais.
g , crédence pour les rafraîchiſſemens.
h , conduit des eaux ſales.
i i , &c. autres raies pour marquer le jeu.

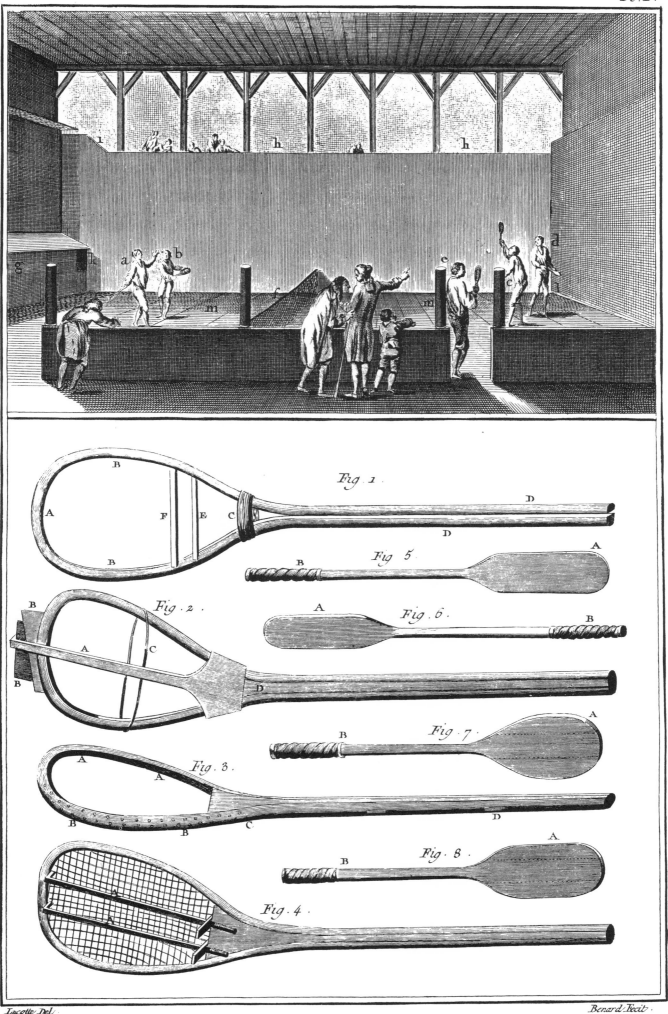

Pl. I.

Fig. 1.

Fig. 5.

Fig. 2.

Fig. 6.

Fig. 3.

Fig. 7.

Fig. 8.

Fig. 4.

Lucotte Del.

Benard Fecit.

Paulmerie, Jeu de Paulme et construction de la Raquette.

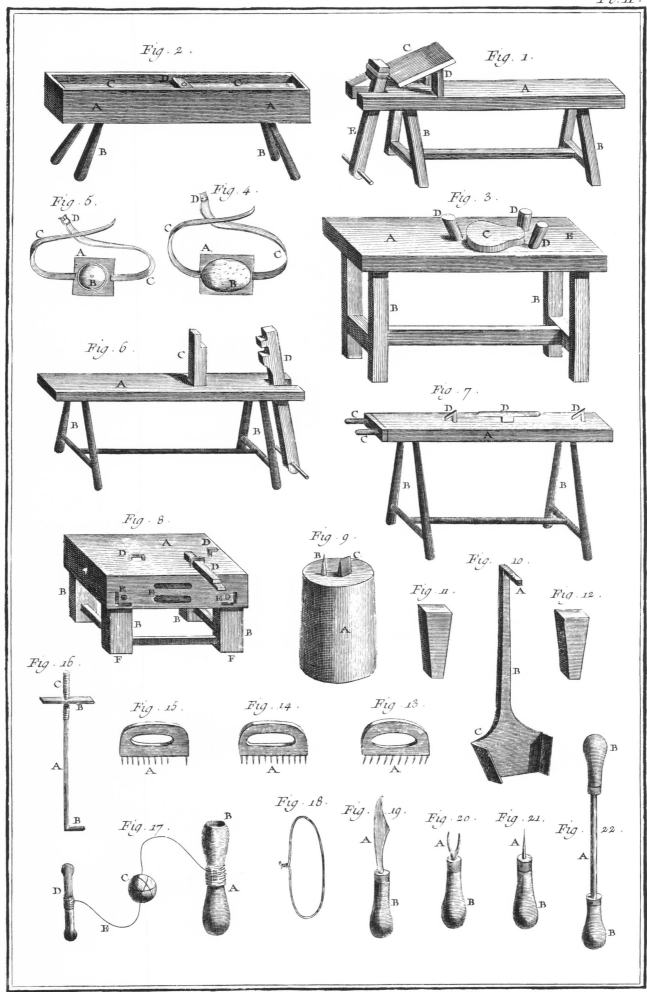

Pl. II.

Paulmerie, Instrumens de Paulme.

Lucotte Del.

Benard Fecit.

Pl. III.

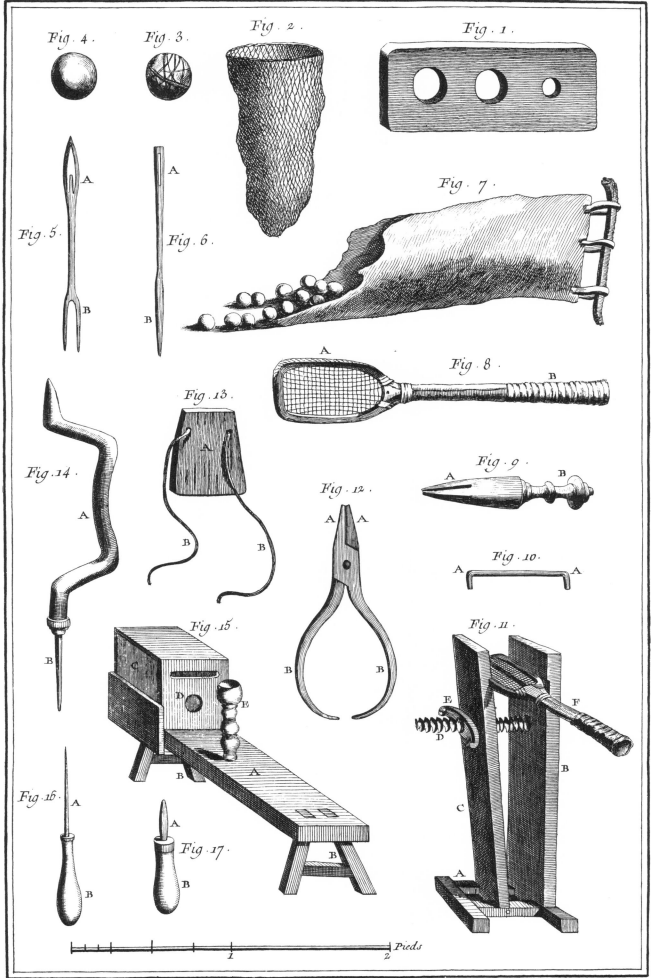

Fig. 4.   Fig. 3.   Fig. 2.   Fig. 1.

Fig. 5.   Fig. 6.   Fig. 7.

Fig. 8.

Fig. 13.   Fig. 9.

Fig. 14.   Fig. 12.   Fig. 10.

Fig. 15.   Fig. 11.

Fig. 16.   Fig. 17.

Pieds

Lucotte Del.   Benard Fecit.

Paulmerie, Instrumens de Paulme.

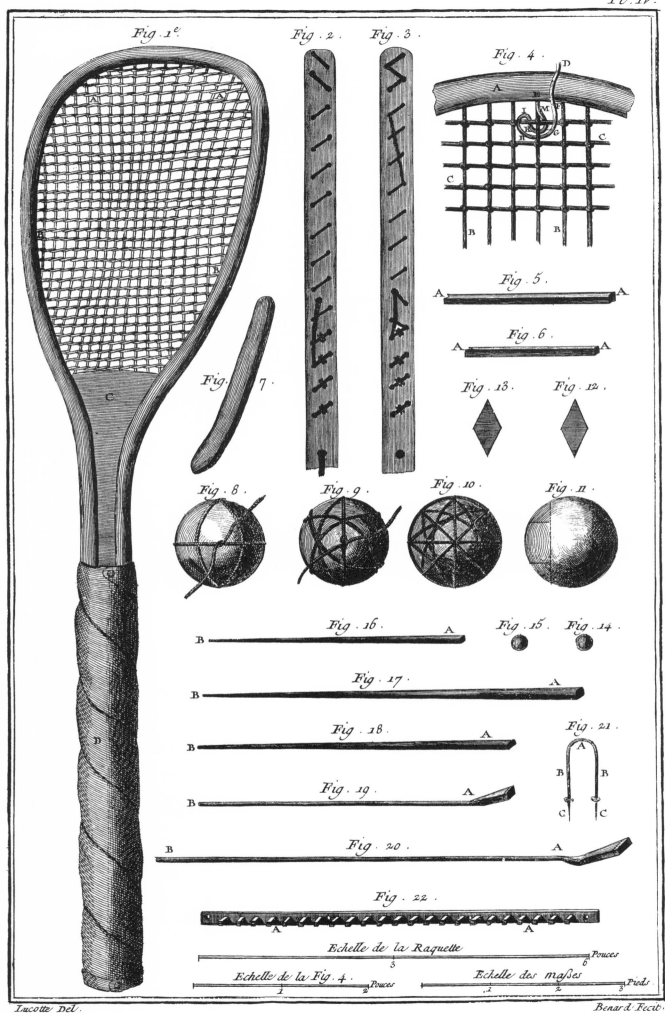

Pl. IV.

Fig. 1.ᵉ

Fig. 2.

Fig. 3.

Fig. 4.

Fig. 5.

Fig. 6.

Fig. 7.

Fig. 13.

Fig. 12.

Fig. 8.

Fig. 9.

Fig. 10.

Fig. 11.

Fig. 16.

Fig. 15.

Fig. 14.

Fig. 17.

Fig. 18.

Fig. 19.

Fig. 21.

Fig. 20.

Fig. 22.

Echelle de la Raquette

Pouces

Echelle de la Fig. 4.

Pouces

Echelle des maſses

Pieds

Lucotte Del.

Benard Fecit.

Paulmerie, Instrumens de Paulme et de Billard.

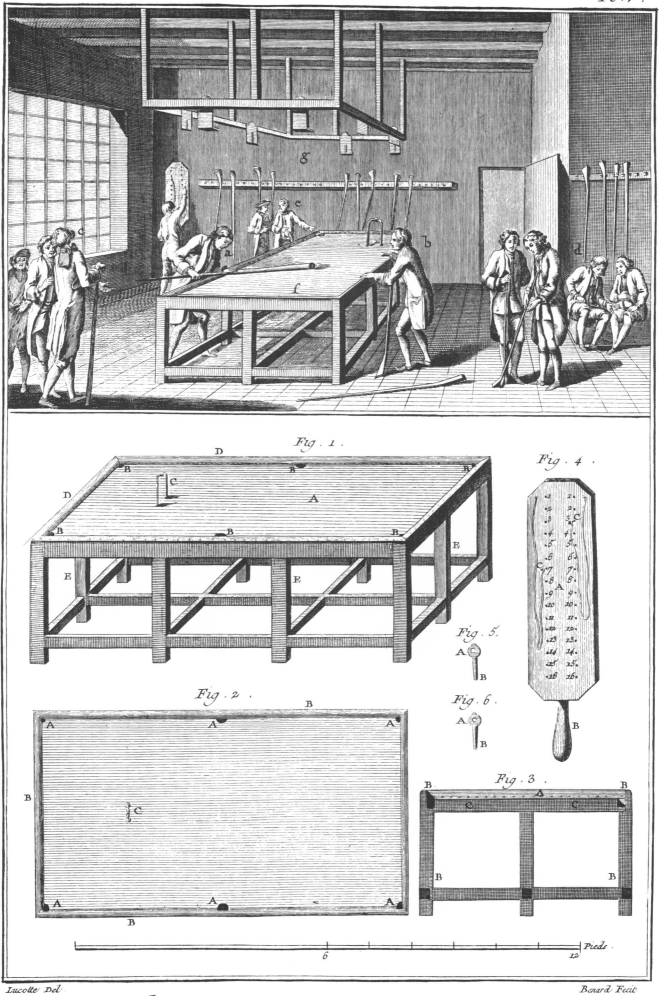

Pl. V.

Fig. 1.

Fig. 4.

Fig. 2.

Fig. 5.

Fig. 6.

Fig. 3.

Pieds

Lucotte Del.

Benard Fecit.

Paulmerie, Salle de Billard et Instrumens de Billard.

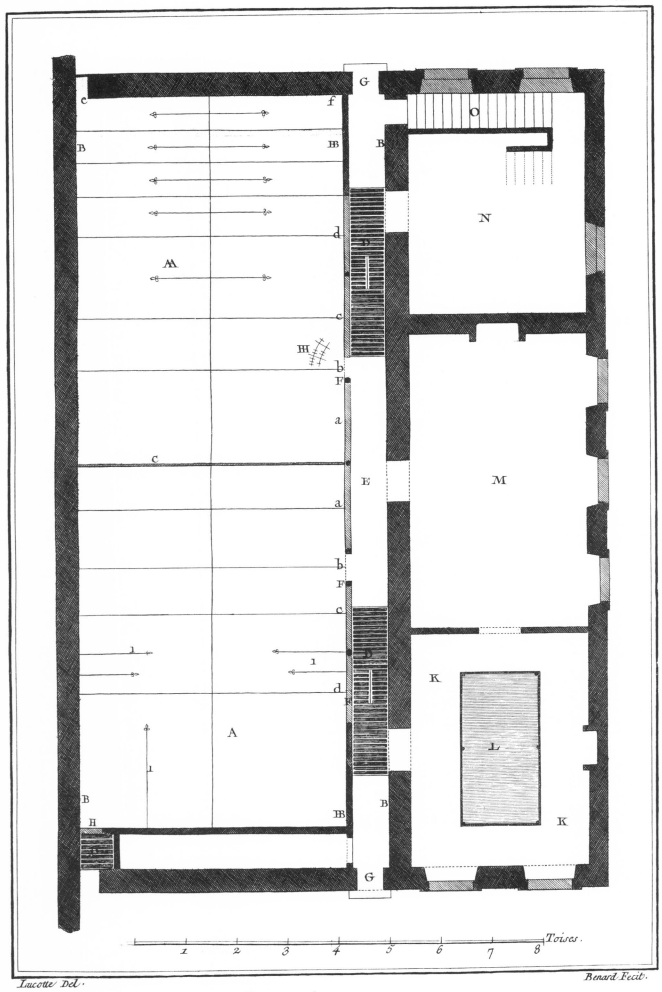

Pl. VI.

Lucotte Del.

Benard Fecit.

Paulmerie,

Plan au Rez de Chauſſée d'un Jeu de Paulme quarré et Salle de Billard.

Pl. VII.

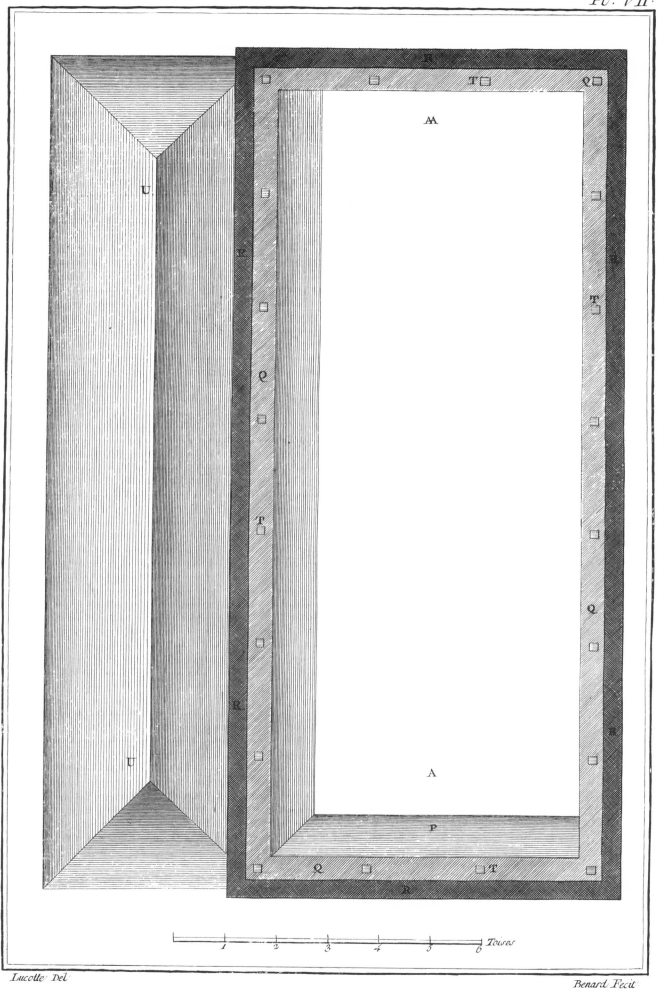

Paulmerie, *Plan audeßus des murs du Jeu de Paulme quarre*.

Pl. VIII.

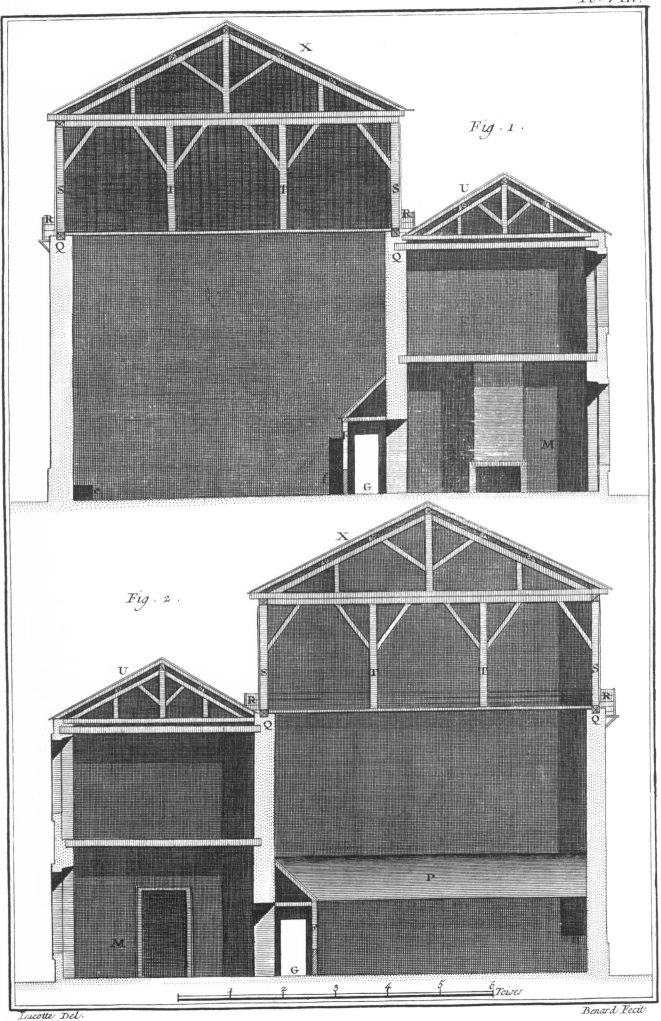

Fig. 1.

Fig. 2.

Paulmerie, coupes du Jeu de Paulme quarré.

Lucotte Del.

Benard Fecit.

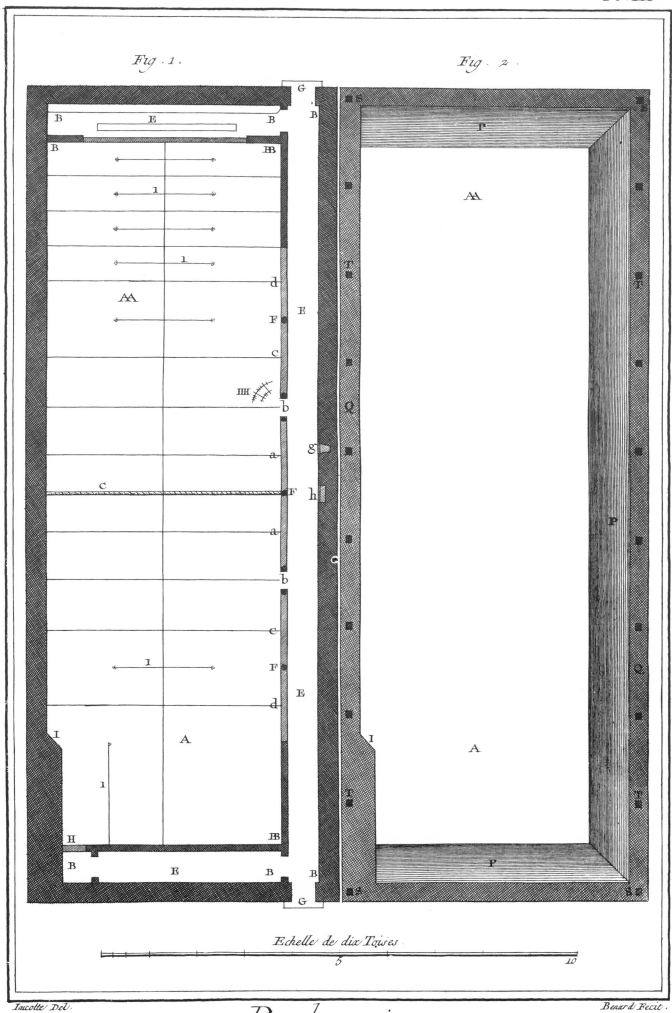

Pl. IX.

Fig. 1.

Fig. 2.

Echelle de dix Toises.

Lucotte Del.

Benard Fecit.

Paulmerie,

Plans au Rez de Chaussée et audessus des murs d'un Jeu de Paulme a dedans

SAVONNERIE,

CONTENANT cinq Planches, équivalentes à neuf, à cause de quatre doubles.

PLANCHE Iere.

Différentes opérations pour la préparation du savon & uſtenſiles.

LA vignette repréſente l'intérieur d'une ſavonnerie dans la partie où ſont les chaudieres.

Fig. 1. *a*, ouvrier qui enfonce le matras dans la chaudiere pour faciliter l'entrée des leſſives & les mêler. *b*, ouvrier qui verſe un ſeau de leſſive le long du bâton du matras, afin d'avoir l'entrée plus libre & faciliter le mélange des matieres. *c*, autre ouvrier prêt à enfoncer le matras dans la matiere pour la remuer. *d, d, d*, diſpoſitions des chaudieres. *e, e*, baſſins pour les leſſives. *f, f*, regards des piles à huiles.

Bas de la Planche.

Fig. 1. Matras pour remuer les matieres dans les chaudieres.

1. n°. 2. Plan du matras.
2. & 2. n°. 2. Elévation & plan de la caſſerole pour ôter les matieres des chaudieres.
3. Fil de fer monté ſur un bâton pour couper le ſavon blanc.
4. Pelle de fer pour couper le ſavon madré.
5. Maſſe de bois ferrée pour aider à couper le ſavon avec le couteau, *fig.* 18.
6. Cuve pour porter la matiere au ſortir des fourneaux & pour le ſervice des leſſives.
7. & 7. n°. 2. Plan & élévation de la caſſerole de fer avec ſon tuyau pour porter l'huile aux chaudieres.
8. & 9. Plan & coupe du canal de bois pour porter les leſſives.
10. & 11. Coins & hache de fer pour fendre le bois.
12. Caſſerole pour puiſer les leſſives des baſſins.
13. Maſſe de bois ferrée pour enfoncer les coins dans le bois.
14. Pelle de fer pour tranſporter les matieres.
15. & 16. Maſſe de fer pour briſer les matieres.
17. Autre pelle de fer pour tranſporter les matieres.
18. Couteau pour couper le ſavon.
19. & 20. Platines de fer pour briſer les matieres.
21. Croc de fer pour ranger le bois dans les fourneaux.
22. Matras pour fermer le canal de l'écume des chaudieres.
23. Fourcas pour porter le bois dans les fourneaux.

PLANCHE II.

Plan d'une manufacture de ſavon, & opérations pour faire le ſavon.

Fig. 1. *a, a, a,* piles à huile. *b, b,* caves. *c, c,* baſſins pour les ſecondes leſſives. *d, d,* fourneaux. *f, f, f,* baſſins pour les premieres leſſives. *g, g,* cheminées. *h, h,* canaux pour porter les leſſives des chaudieres dans l'épine. *i, i, i,* cuves pour recevoir les leſſives de l'épine. *l, l,* abajours pour jetter le bois. *m, m,* baſſins pour recevoir les écoulemens des cuves. *n, n,* canaux de ſortie des leſſives.

2. Ouvrier qui remue les matieres dans les chaudieres avec le matras ſur lequel un autre ouvrier fait cou-

ler une cuve de leſſive pour la mêler avec les matieres.

3. Ouvriers occupés à ôter avec des caſſeroles la matiere des chaudieres pour la tranſporter.
4. Autre ouvrier occupé à faire couler de l'huile de la caſſerole dans les chaudieres.

PLANCHE III.

Plan au rez-de-chauſſée d'une manufacture de ſavon.

Fig. 1. *a*, porte d'entrée. *b, b, b*, portiques de communication pour le ſervice des chaudieres. *c, c*, miſes pour le ſavon madré. *d, d*, grands eſcaliers pour le ſervice des magaſins. *e, e*, baſſins pour les leſſives. *f, f, f*, baſſins ſoutterreins pour recevoir les premieres leſſives. *h, h*, autres baſſins ſoutterreins pour recevoir les ſecondes leſſives. *i, i*, fontaines. *l, l*, regards des piles à huile. *m*, maſſif pour ſoutenir les chaudieres. *n, n*, regards pour puiſer les leſſives dans l'épine. *o, o*, tuyaux des cheminées des fourneaux. *p, p*, chaudieres en briques, dont le fond eſt garni d'une tôle pour ſoutenir l'action du fer. *q, q*, regards pour la leſſive perdue des miſes au ſervice madré. *r, r*, magaſins pour mettre les matieres. *s, s*, cours pour le bois. *t, t*, magaſins pour la chaux.

PLANCHE IV.

Plan du premier étage d'une ſavonnerie, & les opérations pour partager & couper également le ſavon.

Fig. 1. *a, a*, lieux où l'on fait ſécher le ſavon blanc, dit *eſſuyant. b, b*. miſe ou magaſin pour le ſavon blanc. *c, c*, paſſages entre les miſes & le ſavon blanc. *d, d*, magaſins pour couper le ſavon blanc. *e, e*, arrivée des eſcaliers au premier étage.

2. Trois ouvriers occupés à couper une piece de ſavon.
3. Ouvrier coupant le ſavon avec le fil de fer, *fig.* 3. Pl. I. lequel paſſe dans les lignes tracées ſur la boîte qui contient cette piece de ſavon.

PLANCHE V.

Coupe ſur la largeur de la manufacture de ſavon ſur le n°. 3. & 4. de la Planche III.

Fig. 1. *a, a, a*, grand emplacement au premier étage, employé pour faire ſécher le ſavon blanc. *b, b*, grandes chaudieres bâties en brique avec un fond de tôle pour faire chauffer les matieres. *c, c*, fourneaux des chaudieres. *d, d*, paſſages des fourneaux. *e, e*, caves ou corridors ſoutterreins pour la communication de chaque fourneau. *f, f*, baſſins pour les leſſives. *g, g*, autres baſſins pour les ſecondes leſſives. *h*, maſſif pour ſoutenir les chaudieres. *i, i*, cours pour ſerrer le bois.

Coupe ſur la longueur de la manufacture de ſavon, priſe ſur le n°. 1. & 2. de la Planche III.

Fig. 2. *a, a*, ſéchoirs pour le ſavon blanc. *b, b*, ſuperficie des chaudieres. *c, c*, baſſins des leſſives. *d*, cave. *e*, eſcalier pour le premier étage. *f*, portique d'entrée pour l'attelier.

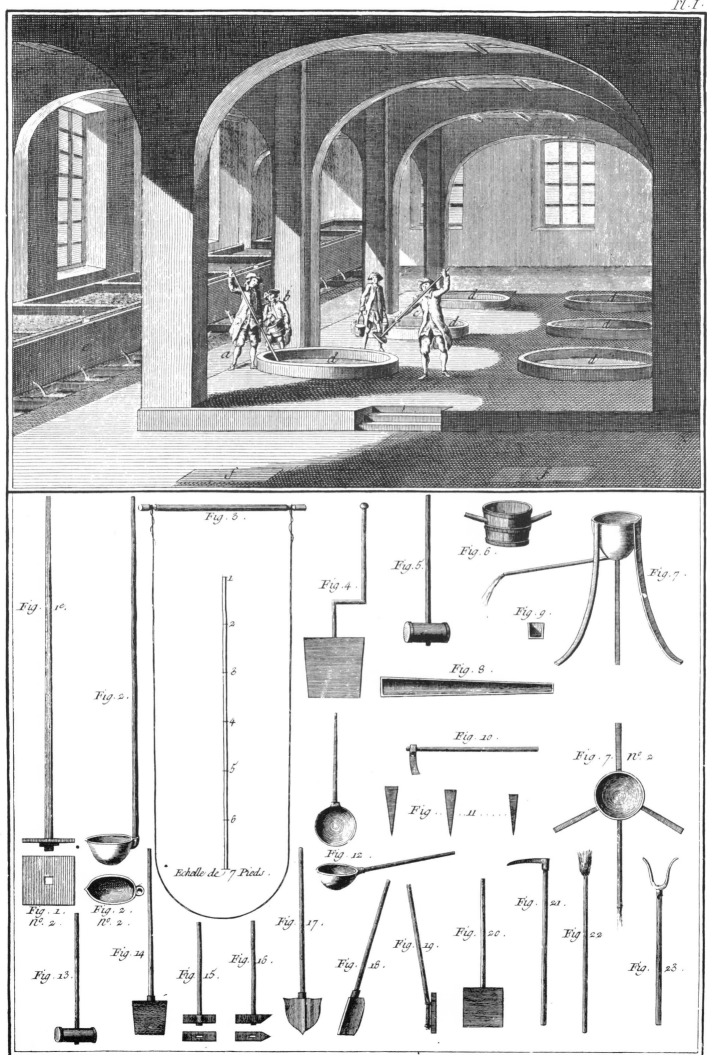

Savonerie, *Différentes Opérations pour la préparation du Savon et Ustenciles.*

Pl. II.

Fig. 4.

Fig. 3.

Fig. 2.

Fig. 1.

Piedi

Pl. III.

Savonerie, Plan du Rez de Chaussée d'une Manufacture de Savon

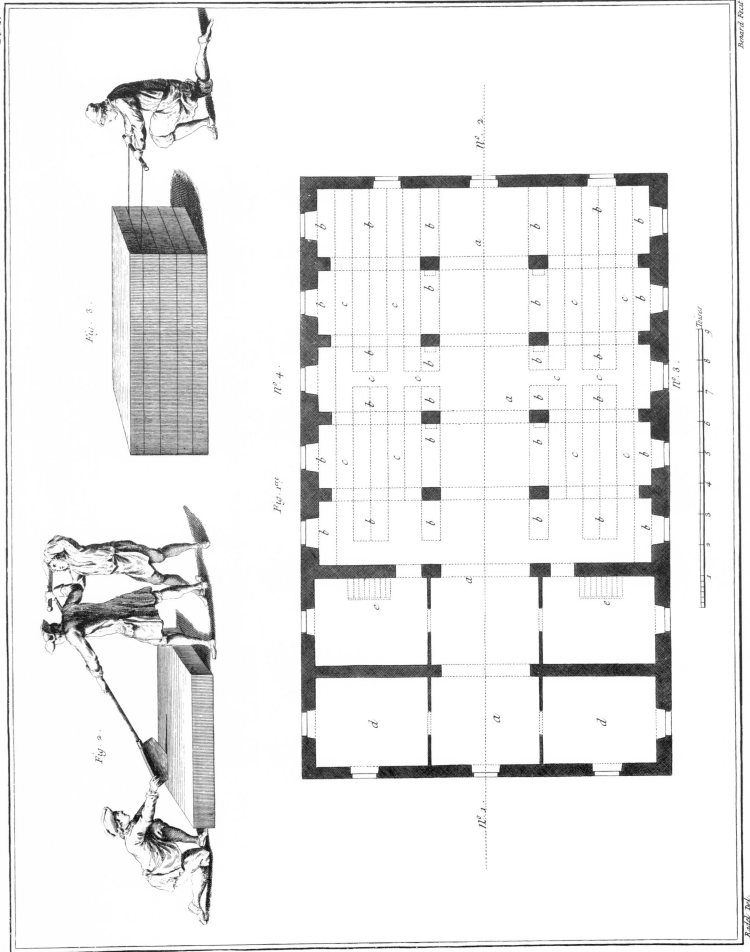

Fig. 3.

Fig. 2.

Fig. 1re.

n.° 4.

n.° 1.

n.° 2.

n.° 3.

Toises

1 2 3 4 5 6 7 8 9

Radel Del.

Benard Fecit.

Savonerie, Plan du premier Etage d'une Manufacture de Savon, et Operations pour partager egallement et couper le Savon.

Fig. 1.

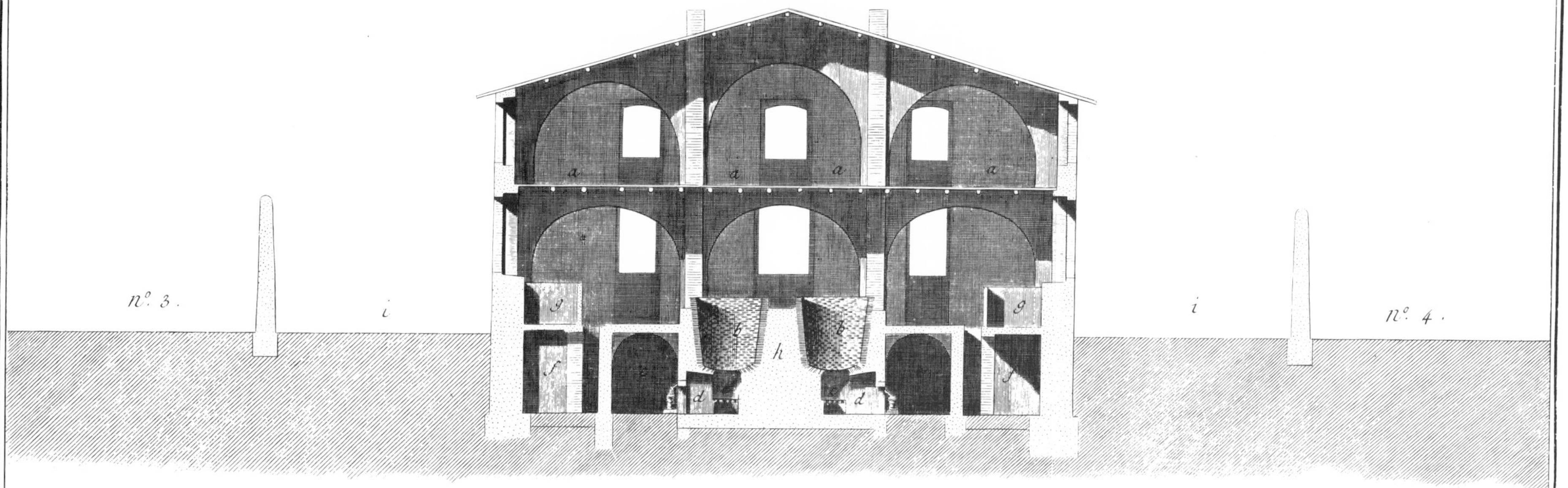

Fig. 2.

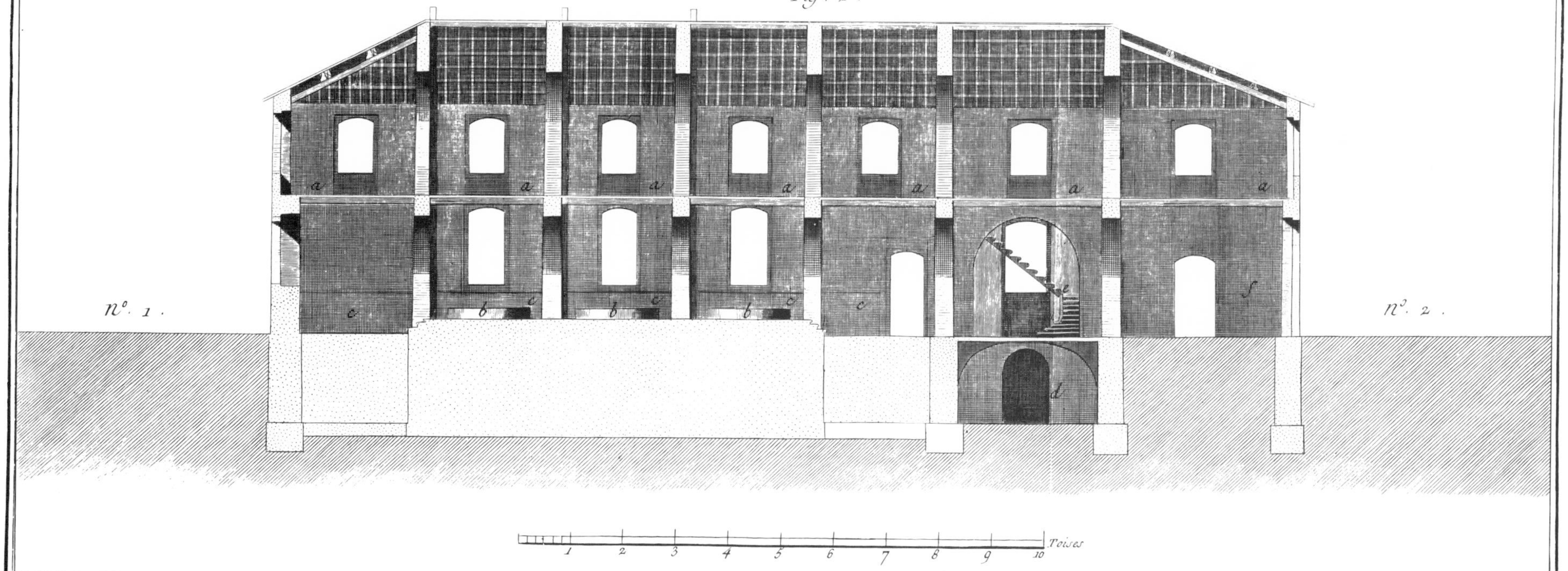

Radel Del.

Benard Fecit.

Savonerie, Coupe sur la largeur et Coupe sur la longueur d'une manufacture de Savon.

VANNIER,

CONTENANT TROIS PLANCHES.

PLANCHE Iere.

VIGNETTE.

*Fig.*1. Compagnon qui travaille à finir une figure d'ofier.
2. Ouvrier qui travaille à un panier.
3. Ouvrier qui tire de l'ofier.
4. Différens ouvrages de Vannerie.

Bas de la Planche.

Fig. 1. Banc à planete.
1. n°. 2. Coupe de la planete.
2. Planete d'une autre forme.
2. n°. 2. Coupe de la figure 2.
3. Le fer du vilebrequin.
4. Différens vilebrequins.
5. Planchette.
6. Serpette.

PLANCHE II.

Fig. 1. Planete à main ou portative.
1. n°. 2. Coupe de la figure précédente.
3. Ecariffoir à main.
3. n°. 2. Coupe de l'écariffoir à main.
4. Batte.
5. Poinçon.
6. Mandoire.
7. Serpe.
8. Fer à clore.
9. Scie.
10. Epuchoir.
11. Autre épuchoir.

PLANCHE III.

Fig. 1. 2, 3, 4, 5, 6, 7, 8, 9 & 10. Différens Ouvrages de Vannerie.
11 & 12. Outils de Vannier.

Pl. I.

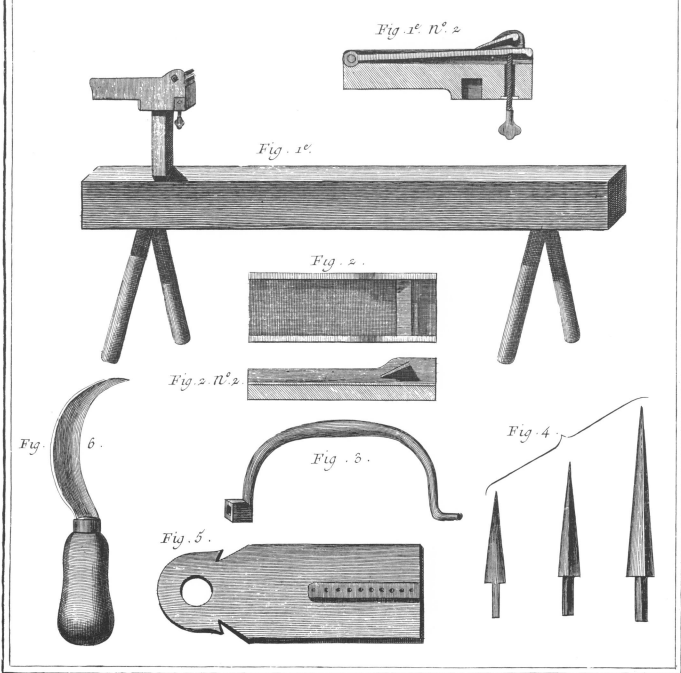

Fig. 1e. No. 2

Fig. 1e.

Fig. 2.

Fig. 2. No. 2.

Fig. 6.

Fig. 3.

Fig. 4.

Fig. 5.

Bourgeois Del.   Benard Fecit

Vannier, Outils

Pl. II.

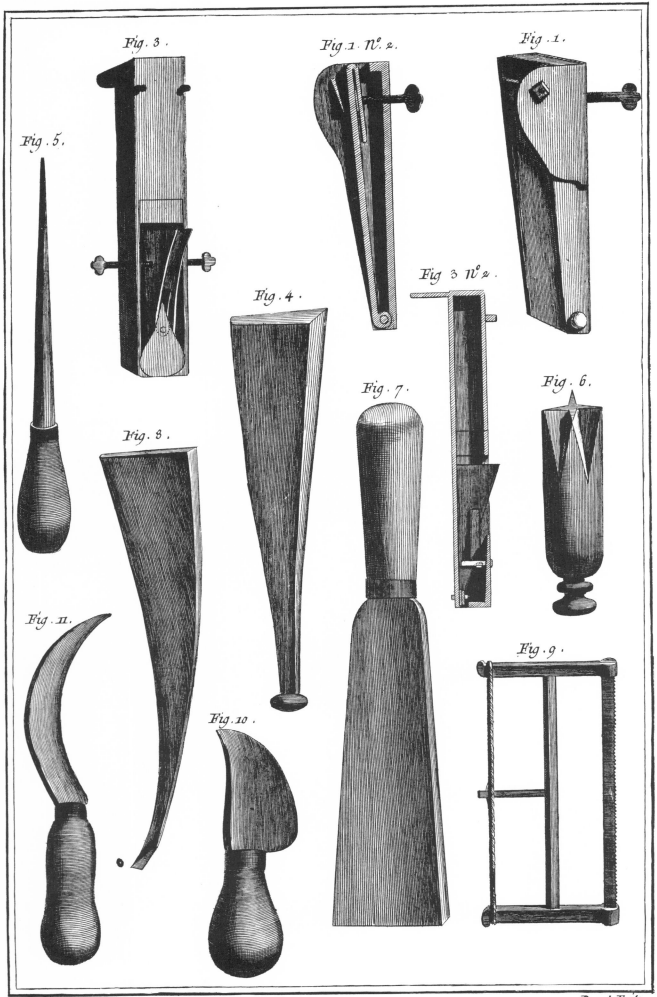

Fig. 3.

Fig. 1. N°. 2.

Fig. 1.

Fig. 5.

Fig. 3. N°. 2.

Fig. 4.

Fig. 7.

Fig. 6.

Fig. 8.

Fig. 9.

Fig. 11.

Fig. 10.

Bourgeois Del.

Benard Fecit.

Vannier, Outils.

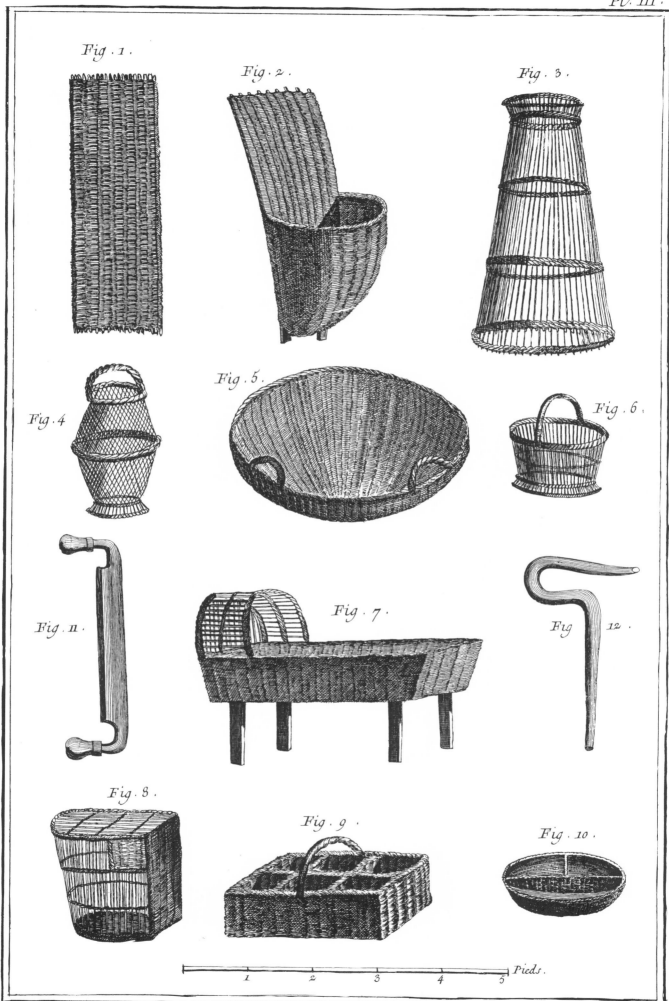

Pl. III.

Fig. 1.

Fig. 2.

Fig. 3.

Fig. 4.

Fig. 5.

Fig. 6.

Fig. 11.

Fig. 7.

Fig. 12.

Fig. 8.

Fig. 9.

Fig. 10.

Pieds.

1   2   3   4   5

Bourgeois Del.

Benard Fecit.

Vannier, Ouvrages et Outils.

Achevé d'imprimer
par MAME Imprimeurs à Tours
Dépôt légal : septembre 2001 (N° 01052208)